문화문고 022

무경칠서武經七書

육도 六韜
삼략 三略

성백효 역

傳統文化研究會

무경칠서
문화문고 육도·삼략

2016년 3월 10일 초판 인쇄
2016년 3월 15일 초판 발행

편　역　성백효
기　획　이계황
편　집　남현희
교　정　남현희 하정원
출　판　김주현
관　리　함명숙
보　급　서원영

발행인　이계황
발행처　(사)전통문화연구회
　서울시 종로구 삼일대로 428 낙원빌딩 411호
　전화 : 02-762-8401 전송 : 02-747-0083
　사이버書堂 : cyberseodang.or.kr
　온라인서점 : book.cyberseodang.or.kr
　전자우편 : juntong@juntong.or.kr
등　록 : 1989. 7. 3. 제1-936호
인쇄처 : 한국법령정보주식회사(02-462-3860)
총　판 : 한국출판협동조합(070-7119-1750)

ISBN 979-11-5794-089-9 04150
　　　978-89-91720-76-3(세트)

정가 10,000원

간행사

본회는 한국고전의 연구와 번역의 선결과제先決課題로, 동양고전의 협동연구번역과 on-off 라인을 통한 교육을 해온 지 20여 년이 되었다. 이는 우리의 역사歷史와 문화文化를 깊이 이해하기 위하여 동양의 역사와 문화를 총체적으로 조명하여야 한다는 취지에서이다.

그런데 동서양 고전에 대해서 그 중요성은 인정하고 있지만, 특히 한국과 동양의 한문고전은 지식인이나 일반인은 물론 전문가조차 해독하기 어려워 일본이나 중국의 번역본을 중역하는 상황이었고, 동양고전은 현대화가 늦어져 이제야 본격적인 작업을 하고 있다.

오늘날 각계의 교류가 긴밀히 이루어지면서 세계가 하나로 되는 상황에 이르러, 우리 국민의 역사·문화 의식이 한국에서 동양으로, 또 세계로 지향해야 하는 시급한 시대가 다가왔다.

그러나 세계로의 지향이 서구화의 다른 이름이고 우리로서는 허상일 수 있음을 주의해야겠지만, 우리와 동양의 자주성과 자존의 아집도 경계하여 새로운 그 무엇을 그려내야 할 것이다. 이를 위해서는 일차적으로 한韓·중中·일日이 삼국양립三國兩立에서 발전하여 삼국정립三國鼎立을 이룸으로써, 치욕의 역사에서 벗어나 안정과 발전의 기반을 마련해야 할 것이다.

본회는 이러한 상황에서 1차적인 준비로 '동양문화총서'를 몇

권 간행한 바 있으나, 이 계획의 충실을 기하기 위해서는 한 손에는 연구, 다른 한 손에는 보급이라는 과제를 좀 더 확실히 해결하지 않으면 안 된다. 이러한 문화 보급의 취지에서 앞으로 국민의 전체적인 수준 향상을 위하여 '사서四書'의 문고화를 시작으로, 우리와 동양에서부터 서양의 고전과 인물과 문화에 관한 '문화문고' 간행의 출발점으로 삼고자 하는 것이다.

대체로 문고는 연구서에 비하면 2차적 작품이므로, 해석과 주석 등을 본문에 녹여서 중등학생 수준의 독자가 읽어서 이해되도록 하려고 한다. 그러나 특수한 분야나 전문적인 것도 필요한 것이다. 또한 시대에 부응하여 편리하며 염가로 읽힐 수 있는 '전자출판'도 겸행할 예정이다.

구미歐美의 유명한 문고본이 끼친 세계 문화적 영향이나, 이웃 일본의 교양과 지식이 이와나미문고岩波文庫에서 나왔다는 사실을 기억해야겠다. 우리나라의 문고본은 그간 부침浮沈이 있었으나, 여러 분의 서가에도 상당수 있듯이 그 공헌은 인정하지 않을 수 없다.

앞으로 우리는 동양고전의 번역 및 교육사업과 함께 통섭적統攝的 방법으로, 국가경쟁력을 키우고 문예부흥을 개막하는 계획의 꿈도 이루기 위하여 지혜를 모아 헌신할 것을 다짐하며, 이에 각계의 관심과 지원을 기대한다.

전통문화연구회 회장 이계황

이 책에 대하여

《육도六韜》와 《삼략三略》은 《손자孫子》, 《오자吳子》 등과 함께 무경칠서武經七書라 불리며 중국의 대표적 병서로 평가되어 왔다. 무경칠서 중에서도 이 《육도》와 《삼략》을 별도로 묶어 '육도삼략六韜三略', '도략韜略'이라 칭하여 병서나 병법의 대명사처럼 사용해왔다.

《육도六韜》는 주周나라 문왕
文王(B.C. 1152~B.C. 1056)·무
왕武王(B.C. 1087~B.C. 1043)과
태공망太公望이 전쟁과 관련된
사항에 대해 문답하는 형식으
로 기술된 6권의 병서兵書이다.
《육도》의 '도韜'는 '숨기다, 감
추다'는 뜻인데 활집을 뜻하는
'도弢'자와 같은 의미로서, 《삼
략》의 '략略'과 같이 병법 책략

태공망太公望 여상呂尙

이란 의미로 쓰인 것이다. 현재 전하는 《육도》의 구성은 〈문도文韜〉,
〈무도武韜〉, 〈용도龍韜〉, 〈호도虎韜〉, 〈표도豹韜〉, 〈견도犬韜〉 6권 60편
으로 이루어져 있으며, 분량은 약 16,800여 자로 다른 병서와 비교
해볼 때 꽤 많은 분량이다.

《육도》의 저자는 주周나라 태공망太公望 여상呂尙(B.C. 1156경~B.C. 1017경)으로 알려져 있으므로 저자만으로 볼 때 무경칠서 중 가장 오래된 셈이다. 그러나 《육도》의 저자와 그 저작 시기에 대해서는 중국의 여타 고서古書들처럼 논란이 있어왔다.

《육도》는 병학兵學의 시조始祖라 할 수 있는 태공의 사상을 바탕으로 전국시대戰國時代와 한漢나라를 거치면서 당시 병법을 연구하던 사람들의 의견이 보태지기도 하고 산삭되기도 하여 현재와 같은 60편으로 정리되었다. 유가儒家, 법가法家, 도가道家 등 제가諸家 사상을 아우른 통치서의 성격을 띠고 있는 《손자》와 달리 《육도》는 공수攻守와 방어防禦, 용병用兵에서 실전적으로 도움이 될 기술을 자세히 거론하여 장수가 익혀야 할 필수과목으로 그 가치를 인정받아왔으므로 무경칠서의 하나로 포함된 것이다.

《삼략三略》은 《육도》와 병칭되어서 '도략韜略'이라 불리며 마치 하나의 책인 것처럼 인식되지만, 《육도》와는 전혀 다른 책으로, 공통점이 있다면 둘 다 태공의 병법이라고 알려져 있다는 점 정도만을 지적할 수 있다.

진한秦漢 교체기에 한나라 책사策士였던 장량張良(B.C. 250경~B.C. 186)이 전수받은 황석공黃石公(B.C. 292경~B.C. 195)의 병서라는 추론 때문에 '황석공삼략黃石公三略'이라고도 불리는 이 책은, 세 가지 책략이란 의미로 책의 구성 자체가 〈상략上略〉, 〈중략中略〉, 〈하략下略〉으로 이루어져 있는 4,000여 자의 적은 분량이다. 병서라고 하지만 다른 병서와는 달리 전쟁이나 용병의 전술이 아니라 고서古書를 인용해

천도天道를 따르고 현인賢人을 등용하며 인재를 선발하는 중요성을 기술한 부분이 많아 치국治國 양민養民의 통치서와 같은 성격을 띠면서 유가와 법가, 도가의 사상을 전부 아우르고 있다. 적은 분량에 중국 전통 통치사상을 요약해놓았다는 특징으로 인해 무경칠서 중 널리 애독된 병서이다.

장량이 황석공에게 병서를 전수받다

이 책은 기존에 전통문화연구회에서 번역 출간한 《육도직해》와 《삼략직해》를 바탕으로 《육도》·《삼략》의 전체적인 내용을 번역하고, 문장에 담긴 뜻과 인물 설명, 역사적인 사실까지 이해하기 쉽도록 풀이함으로써 독자의 이해를 도왔으므로 중국 역사에 밝지 않은 독자라 할지라도 편하게 독해할 수 있을 것이다.

또한 이 문고판 '무경칠서' 시리즈를 통해 전쟁 같은 일상을 살아가는 현대인들이 동양 고대 병법에 담긴 사상과 전략을 이해하여 자기계발의 자양분으로 삼을 수 있기를 기대해본다.

일러두기

1. 본서는 동서양東西洋의 중요한 고전古典, 인물人物, 문화文化에 관한 모든 국민의 교양도서로, 미래 한국의 양식良識 기반을 구축하기 위한 문화문고文化文庫이다.

2. 본서는 본회에서 간행한 동양고전역주총서東洋古典譯註叢書의 무경칠서직해武經七書直解 중 《역주譯註 육도직해六韜直解》와 《역주譯註 삼략직해三略直解》의 경문經文 내용을 중등학생 정도면 쉽게 이해할 수 있도록 번역하였다.

3. 이해가 어려운 부분은 가급적 의역意譯 또는 보충역을 함으로써 주석註釋은 최소화하였다. 간단한 주석은 ( ) 안에 달았다.

4. 편명篇名은 원문을 풀어서 현대성을 구현하는 데 노력하였다.

5. 중국 고대 병장기兵仗器와 등장인물 관련 도판圖版 자료를 함께 수록하여 내용 이해를 도왔다.

6. 이 책의 속표지에 사용된 그림은 다음과 같다.

   《육도》:《무예도보통지武藝圖譜通志》 소재 마상쌍검보馬上雙劍譜 제4식第四式 '관운장關雲長이 파수濡水를 건너는 자세〔雲長渡濡水勢〕'

   《삼략》:《무예도보통지》 소재 마상쌍검보 제5식第五式 '번개가 두성斗星을 감싸는 자세〔飛電繞斗勢〕'

7. 고유명사 및 주요 어휘는 독자의 이해를 돕기 위하여 한자漢字를 병기하였다.

8. 본서에 사용된 주요 부호符號는 다음과 같다.

" " : 대화, 인용

' ' : 재인용, 강조

( ) : 간단한 주석註釋

《 》: 서명書名

〈 〉: 편장명篇章名, 작품명作品名

〔 〕: 관용구慣用句, 보충 원문原文

목 차

간행사

이 책에 대하여

일러두기

육도六韜

육도
六韜

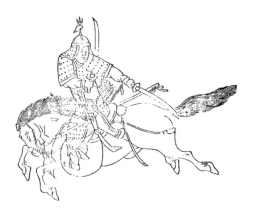

I. 문도 文韜

문文이란 인의仁義와 도덕道德을 숭상하여 만민을 교화시키며, 백성들에게 인정仁政을 베풀어서 국가의 화합과 경제적 부강을 누리게 하는 바탕이다. 이 편에서는 주周나라 문왕文王이 태공太公 여상呂尙과 처음 만나 그를 스승으로 삼게 된 경위와, 두 사람이 문답형식으로 치국治國의 대도大道, 인재의 등용, 군대의 올바른 체제 등에 관한 문제를 토론한 내용이 수록되어 있다.

제1편 문왕文王의 스승 〔文師〕

문왕文王이 사냥하러 갈 적에 태사太史인 편編이 점을 쳐서 조짐을 얻고 말하였다.

"위수渭水 북쪽에서 사냥하시면 얻는 게 클 것이니, 용도 아니고 뿔 없는 용도 아니며 범도 아니고 큰 곰도 아니요, 공후公侯를 얻을 조짐입니다. 하늘이 임금님에게 스승을 보내어 보좌하게 해서 삼왕三王에 미치게 할 것입니다."

문왕이 말씀하였다.

"예전의 점괘 조짐 중에 이런 것이 있었는가?"

태사 편이 대답하였다.

순舜임금

고요皐陶

"저의 태조太祖인 태사 주疇가 순舜임금을 위하여 점을 쳐서 명신인 고요皐陶를 얻었을 적에 점괘의 조짐이 이와 같았습니다."

이에 문왕이 3일 동안 몸과 마음을 정결히 하고서 사냥하는 수레를 타고 위수 북쪽에서 사냥하다가, 마침내 태공太公이 띠풀을 깔고 앉아 물고기를 잡는 것을 보았다.

문왕이 위로하며 물었다.

"그대는 물고기 잡는 것을 즐거워하십니까?"

태공이 대답하였다.

"군자君子는 뜻을 얻음을 즐거워하고 소인小人은 일을 얻음을 즐거워하니, 지금 제가 물고기를 잡는 것이 이와 매우 유사합니다."

문왕이 말씀하였다.

"어찌하여 유사하다고 말씀합니까?"

태공이 대답하였다.

"낚시에는 세 가지 권도權道(시의에 적절한 방도)가 있으니, 후한

녹봉을 차등하여 지급해서 사람을 취하기를 권도로써 하듯 낚싯
밥으로 물고기를 유인하고, 많은 녹봉을 가지고 결사적으로 싸우
는 병사를 차등하여 선발하기를 권도로써 하듯 넉넉한 낚싯밥으
로 물고기를 잡고, 사람에 따라 관직을 차등하여 맡기기를 권도로
써 하듯 물고기의 크고 작음에 따라 낚싯밥을 달리합니다. 낚시는
물고기를 잡으려 하는 것이므로, 그 실정實情이 깊어서 큰 것을 살
펴볼 수 있습니다.”

문왕이 말씀하였다.

“그 실정을 듣고 싶습니다.”

태공이 대답하였다.

“근원이 깊으면 물이 흐르니 물이 흐르면 물고기가 생기는 것이
실정이요, 뿌리가 깊으면 나무가 자라니 나무가 자라면 열매가 맺
히는 것이 실정이요, 군자가 마음이 같으면 친하여 서로 화합하니
친하여 서로 화합하면 훌륭한 일을 하는 것이 실정입니다. 언어와
응대는 실정의 문식文飾이요, 지극한 실정을 말하는 것은 일의 지
극함입니다. 지금 신이 드리는 말씀이 거리낌이 없어서 숨기고 꺼
리는 바가 없으니, 임금께서 아마도 이를 싫어하실 것입니다.”

문왕이 말씀하였다.

“인仁한 사람은 정직한 간언諫言을 받아들이고 지극한 실정을 듣
는 것을 싫어하지 않으니, 내 어찌 그러하겠습니까?”

태공이 대답하였다.

“낚싯줄이 가늘고 낚싯밥이 환히 보이면 작은 물고기가 먹고,

낚싯줄이 조금 굵고 낚싯밥이 향기로우면 중간 크기의 물고기가 먹고, 낚싯줄이 굵고 낚싯밥이 풍성하면 큰 물고기가 먹습니다. 물고기가 이 낚싯밥을 먹으면 마침내 낚싯줄에 끌려가고, 사람이 이 녹봉을 먹으면 마침내 군주에게 복종합니다. 그러므로 낚싯밥으로 물고기를 구하면 물고기를 잡을 수 있고, 녹봉으로 사람을 구하면 사람을 모두 취할 수 있고, 자기 식읍食邑(왕족이나 공신 등에게 내려 조세를 받게 한 고을)으로 남의 나라를 구하면 남의 나라를 점령할 수 있고, 자기 나라로 천하를 구하면 천하를 다 복종시킬 수 있습니다.

아! 적군의 형세가 나무의 가지가 길게 뻗어 있고 잎이 넓게 무성한 것과 같으나 그 모임을 반드시 흩어버릴 수 있으며, 군주가 광채와 자취를 감추고 숨어서 어둡고 어두우나 그 광채가 반드시 멀리까지 미쳐 원대한 것을 성취할 것입니다. 성인이 덕으로 사람을 유인함이 참으로 은미하여 보통 사람들은 보고 즐거워하지 못하는데 홀로 보고 홀로 즐거워합니다. 성인의 생각은 백성들마다 자기 자리로 돌아가게 해서 인심人心을 수합하는 법을 세우는 것입니다."

문왕이 말씀하였다.

"인심을 수합하는 법을 어떻게 하여야 천하 사람들이 와서 귀의합니까?"

태공이 대답하였다.

"천하는 군주 한 사람의 천하가 아니요 바로 천하 사람들의 천하이니, 천하의 이로움을 함께하는 군주는 천하를 얻고, 천하의 이로움을 독차지하는 군주는 천하를 잃습니다.

하늘에는 때가 있고 땅에는 재물이 있는데, 능히 때와 재물을 남과 함께하는 것이 인仁이니, 인이 있는 곳에는 천하 사람들이 귀의합니다.

남과 근심을 함께하고 즐거움을 함께하며 좋아함을 함께하고 싫어함을 함께하는 것이 의義이니, 의가 있는 곳에는 천하의 인심이 따라 달려옵니다.

모든 사람들이 죽는 것을 싫어하고 사는 것을 좋아하며, 덕을 좋아하고 이로운 데로 돌아갑니다. 능히 이로움을 낳는 것은 도道이니, 도가 있는 곳에는 천하가 귀의합니다."

문왕은 재배하고 말씀하였다.

"진실로 옳은 말씀입니다. 내 감히 하늘이 가르치는 명령을 듣지 않겠습니까?"

그러고는 마침내 태공을 수레에 태우고 함께 돌아와서 스승으로 받들었다.

제2편　인사人事의 성쇠〔盈虛〕

문왕이 태공에게 물었다.

"천하가 넓고 커서 한 번 차고 한 번 비며 한 번 다스려지고 한 번 혼란하니, 이렇게 되는 까닭은 어째서입니까? 군주가 어질고 어질지 못함이 똑같지 않아서입니까? 천시天時의 변화가 자연히 그러한 것입니까?"

태공이 대답하였다.

"군주가 어질지 못하면 나라가 위태롭고 백성들이 혼란하며, 군주가 어질고 성스러우면 나라가 편안하고 백성들이 다스려지니, 화禍와 복福은 군주에게 달려 있고 천시에 달려 있지 않습니다."

요堯임금

문왕이 물었다.

"옛날의 성군聖君과 현주賢主에 대해서 들을 수 있겠습니까?"

태공이 대답하였다.

"옛날 요堯임금이 천하를 다스렸으니, 상고시대의 '현군賢君'입니다."

문왕이 물었다.

"그 다스림을 어떻게 하였습니까?"

태공이 대답하였다.

"요임금이 천하를 다스릴 때에는 금은金銀과 주옥珠玉으로 꾸미지 않고 화려하고 아름다운 비단옷을 입지 않았으며, 기이하고 괴이한 보물을 보지 않고 보기 좋은 기물을 보물로 여기지 않았으며, 음탕한 음악을 듣지 않고 궁궐의 담과 지붕과 방을 곱게 칠하여 꾸미지 않았으며, 지붕 용마루와 서까래와 기둥을 깎아 다듬지 않고 띠풀과 찔레가 뜰에 가득하였으나 제거하지 않았습니다.

사슴 갖옷으로 추위를 막고 삼베옷으로 몸을 가리며, 거친 좁쌀로 밥을 지어 먹고 머위와 콩잎으로 국을 끓여 먹었으며, 부역하는 일로 백성들의 밭 갈고 베 짜는 시기를 방해하지 아니하여, 욕심을 절제하고 소원을 줄여서 무위無爲의 정치에 힘썼습니다.

관리 중에 충성스럽고 정직하여 법을 받드는 자는 관작官爵과 지위地位를 높여주고, 청렴결백하여 백성을 사랑하는 자는 녹봉을 많이 주었으며, 백성 중에 부모에게 효도하고 어린이를 사랑하는 자는 사랑하고 공경해주며, 농업과 뽕나무를 가꾸는 일에 힘을 다하는 자는 위로하고 권면하였으며, 선한 자와 악한 자를 구별하여 선한 자의 집 문과 마을에 표시하여 기렸습니다.

마음을 화평하게 하고 예절을 바르게 하여 법도로써 간사함과 속임을 금하며, 미워하는 자라도 공이 있으면 반드시 상을 주고, 사랑하는 자라도 죄가 있으면 반드시 벌을 주며, 천하의 홀아비와 과부와 고아와 독신자를 보살펴 길러주고, 화를 당하고 망한 집안을 넉넉하게 구휼하였습니다.

스스로를 봉양함이 매우 검소하고 세금과 부역이 매우 적었습니다. 그러므로 만민들이 부유하고 즐거워하여 굶주리거나 추위하는 기색이 없어서, 군주를 해와 달처럼 떠받들고 군주를 부모와 같이 친애하습니다."

문왕이 말씀하였다.

"위대합니다. 현덕賢德이 있는 군주여."

제3편　치국治國의 요체 〔國務〕

문왕이 태공에게 물었다.

"나라를 다스리는 일을 듣고서 군주를 높이고 백성들을 편안하게 하려 하니, 어떻게 하면 되겠습니까?"

태공이 대답하였다.

"백성을 사랑할 뿐입니다."

문왕이 물었다.

"백성을 어떻게 사랑해야 합니까?"

태공이 대답하였다.

"백성들을 이롭게 해주고 해치지 말며, 이루어주고 무너뜨리지 말며, 살려주고 죽이지 말며, 주고 빼앗지 말며, 즐겁게 해주고 괴롭히지 말며, 기쁘게 해주고 분노하지 않게 하는 것입니다."

문왕이 물었다.

"옛날에는 어떠하였는지 강해講解하여 주시기를 감히 바랍니다."

태공이 대답하였다.

"백성들이 누에 치고 뽕나무를 가꾸는 등 해야 할 일을 잃지 않게 하면 이롭게 해주는 것이요, 농사짓는 철을 잃지 않게 하면 백성들을 이루어주는 것이요, 세금을 적게 거두면 백성들에게 주는 것이요, 궁실과 누대를 검소하게 하면 백성들을 즐겁게 해주는 것이요, 관리들이 청렴결백하여 까다롭게 굴거나 백성들을 소란하게 하지 않으면 백성들을 기쁘게 해주는 것입니다.

백성들이 농사일을 못하게 하면 백성들을 해치는 것이요, 농사철에 부역을 시켜 농사철에 농사지을 수 없게 하면 백성들을 무너뜨리는 것이요, 죄가 없는데도 벌을 내리면 백성들을 죽이는 것이요, 세금을 무겁게 거두면 백성들에게서 빼앗는 것이요, 궁실과 누대를 많이 경영하여 백성들의 힘을 피로하게 하면 괴롭히는 것이요, 관리들이 혼탁하여 까다롭게 굴고 백성들을 소란하게 하면 백성들을 분노하게 하는 것입니다.

그러므로 나라를 잘 다스리는 군주는 백성들을 통제하기를 부모가 자식을 사랑하듯이 하고 형이 아우를 사랑하듯이 하여, 백성들이 굶주림과 추위에 떠는 것을 보면 걱정해주고 백성들의 노고를 보면 슬퍼해주며, 상과 벌을 자기 몸에 가하는 것처럼 여기고 세금 거두는 것을 자기 물건에서 취하는 것처럼 여기니, 이것이 백성들을 사랑하는 방도입니다."

제4편 군신君臣간의 예의禮儀〔大禮〕

문왕이 태공에게 물었다.

"군주와 신하는 예를 어떻게 행해야 합니까?"

태공이 대답하였다.

"위가 된 자(군주)는 군림해야 하고 아래가 된 자(신하)는 엎드려야 하니, 군림하되 아랫사람을 멀리하지 말고 엎드리되 윗사람에게 숨기는 것이 없어야 하며, 윗사람이 되어서는 두루 사랑해야 하고 아랫사람이 되어서는 안정해야 하니, 두루 사랑함은 하늘이요 안정함은 땅입니다. 혹 하늘처럼 하고 혹 땅처럼 하여야 큰 예가 마침내 이루어집니다."

문왕이 물었다.

"군주의 지위를 어떻게 해야 합니까?"

태공이 대답하였다.

"편안하고 서서히 행동하여 고요하며, 유순하고 절제하여 안정하며, 주기를 잘하고 다투지 않으며, 마음을 비우고 생각을 공평히 하여 무리 짓지 않고 사람들을 공정하게 대해야 합니다."

문왕이 물었다.

"군주가 듣기를 어떻게 해야 합니까?"

태공이 대답하였다.

"신하들의 계책을 함부로 허락하지 말고, 신하들의 말을 거슬러서 거절하지 말아야 하니, 함부로 허락하면 내 마음의 지킴을 잃고, 거슬러서 거절하면 내 귀를 막게 됩니다. 높은 산이 앞에 있어서 우러러보아도 다할 수 없는 것과 같이 해야 하고, 깊은 못이 앞에 있어서 헤아려도 측량할 수 없는 것과 같이 해야 하니, 신명의 덕 즉, 마음은 바르고 고요함을 지극히 해야 합니다."

문왕이 물었다.

"군주의 밝음을 어떻게 해야 합니까?"

태공이 대답하였다.

"눈은 밝게 봄을 귀하게 여기고, 귀는 밝게 들음을 귀하게 여기고, 마음은 지혜로움을 소중하게 여깁니다. 천하의 눈으로 보면 보지 못하는 것이 없고, 천하의 귀로 들으면 듣지 못하는 것이 없고, 천하의 마음으로 생각하면 알지 못하는 것이 없으니, 함께 나아가 자유롭게 의사를 개진하면 밝음이 가려지지 않게 됩니다."

제5편 지극한 도道의 전수傳授〔明傳〕

문왕이 병환으로 누워서 태공망太公望을 부르니, 태자 발發(무왕武王)이 곁에 있었다.

문왕이 말씀하였다.

"아! 하늘이 장차 나를 버리려 하므로 나는 주周나라의 사직社稷을 그대에게 맡기고, 지금 지극한 도의 말씀을 스승 삼아서 이것을 자손들에게 밝게 전해주고자 합니다."

태공이 대답하였다.

"임금께서는 무엇을 물으십니까?"

무왕武王

문왕이 말씀하였다.

"옛 성인의 도가 행해지지 못하는 이유와 도가 일어나는 이유에 대해서 들을 수 있겠습니까?"

태공이 대답하였다.

"선善을 보고도 태만하며, 때가 왔는데도 의심하며, 잘못을 알면서도 그대로 머무는 것, 이 세 가지는 도가 행해지지 못하는 이유입니다.

부드러우면서도 고요하며, 공손하면서도 공경하며, 강하면서도 약하며, 참으면서도 굳센 것, 이 네 가지는 도가 일어나는 이유입니다.

그러므로 의義가 욕심을 이기면 나라가 번창하고 욕심이 의를 이기면 망하며, 공경이 태만함을 이기면 길하고 태만함이 공경을 이기면 멸망합니다."

제6편 여섯 가지 지킴 〔六守〕

문왕이 태공에게 물었다.

"군주로서 백성의 군주가 된 자가 나라와 백성을 잃는 것은 어째서입니까?"

태공이 대답하였다.

"상대하는 신하를 잘 선별하지 못해서이니, 군주에게는 여섯 가지 지킴과 세 가지 보배가 있습니다."

문왕이 물었다.

"여섯 가지 지킴이란 무엇입니까?"

태공이 대답하였다.

"첫 번째는 인仁이요, 두 번째는 의義요, 세 번째는 충忠이요, 네 번째는 신信이요, 다섯 번째는 용勇이요, 여섯 번째는 지모〔謀〕이니, 이것을 여섯 가지 지킴이라 합니다."

문왕이 물었다.

"여섯 가지 지킴을 잘 선별한다는 것은 어떤 것입니까?"

태공이 대답하였다.

"신하를 부유하게 하여 범함이 없는가를 관찰하며, 귀하게 하여 교만함이 없는가를 관찰하며, 중임重任을 맡겨주어 마음이 바뀌지 않는가를 관찰하며, 일을 시켜서 숨김이 없는가를 관찰하며, 위태

롭게 하여 두려움이 없는가를 관찰하며, 사변事變(사물의 변화, 정치
나 군사 상 급작스러운 사건)으로 물어서 궁하지 않는가를 관찰하는
것입니다.

부유하게 해도 범하지 않는 것은 인仁이요, 귀하게 해도 교만하
지 않는 것은 의義요, 중임을 맡겨도 마음을 바꾸지 않는 것은 충
忠이요, 일을 시켜 숨기지 않는 것은 신信이요, 위태롭게 해도 두려
워하지 않는 것은 용勇이요, 사변으로 물어도 궁하지 않는 것은 지
모[謀]입니다.

군주는 세 가지 보배를 남에게 빌려주지 말아야 하니, 남에게
빌려주면 군주가 그 권위를 잃게 됩니다."

문왕이 물었다.

"감히 세 가지 보배에 대해서 묻습니다."

태공이 대답하였다.

"큰 농부農夫와 큰 공인工人과 큰 상인商人을 세 가지 보배라 이
르니, 농부가 그 고장을 떠나지 않고 한곳에서 오랫동안 농사를
지으면 곡식이 풍족하고, 공인이 그 고장을 떠나지 않고 한곳에서
오랫동안 기물을 만들면 기물이 풍족하고, 상인이 그 고장을 떠나
지 않고 한곳에서 오랫동안 장사하면 재화가 풍족합니다. 세 가지
보배가 각각 제자리를 편안히 하여야 백성들이 우려하지 않을 것
이니, 큰 농부와 큰 공인과 큰 상인이 그 고장에서 어지럽게 살거
나 그 집안에서 어지럽게 모이지 말게 해야 합니다.

신하는 군주보다 더 부유하지 않아야 하고 지방의 도시는 도성

보다 더 크지 말아야 하니, 여섯 가지 지킴을 삼가 분별하면 군주
가 창성하고, 세 가지 보배가 온전하면 나라가 편안합니다."

제7편 국토國土의 수비 〔守土〕

문왕이 태공에게 물었다.

"나라의 강토疆土를 지키려면 어찌해야 합니까?"

태공이 대답하였다.

"친척을 소원히 하지 말며, 백성들을 소홀히 하지 말며, 좌우에 있는 신하를 어루만지며, 사방에 나가 있는 병사들을 통제해야 합니다.

남에게 나라의 권력을 빌려주지 말아야 하니, 남에게 나라의 권력을 빌려주면 권위를 잃게 됩니다. 골짝을 깊게 파서 그 흙을 언덕에 붙이듯이 한쪽을 너무 치우치게 총애하지 말고, 근본(중국, 농업)을 버리고 말단(사방 오랑캐, 상공업)을 다스리지 말며, 해가 중천에 있거든 반드시 물건을 말리고, 칼을 뽑았으면 반드시 베고, 도끼를 잡았으면 반드시 쳐야 합니다.

해가 중천에 있을 적에 물건을 말리지 않으면 이것을 일러 때를 잃었다 하고, 칼을 뽑고도 베지 않으면 이로운 시기를 잃고, 도끼를 잡고도 치지 않으면 해치는 사람이 장차 옵니다. 졸졸 흐르는 물을 막지 않으면 장차 강하江河가 되고, 불씨가 반짝거릴 적에 끄지 않으면 불타오르는 것을 어찌 막을 수 있겠으며, 초목이 두 잎일 적에 제거하지 않으면 장차 도끼 자루를 사용하게 될 것입니다.

이 때문에 군주는 반드시 백성들을 부유하게 하는 데 힘써야 하니, 백성들이 부유하지 않으면 인仁을 행할 수 없습니다. 군주가 은혜를 베풀지 않으면 친척을 모을 수 없으니, 친척을 소원히 하면 해롭고 백성들을 잃으면 실패합니다. 남에게 권력을 빌려주지 말아야 하니, 남에게 권력을 빌려주면 남에게 해를 당하여 세상을 잘 끝마치지 못합니다."

문왕이 물었다.

"무엇을 인仁과 의義라 합니까?"

태공이 대답하였다.

"백성들을 공경하고 친족을 모으는 것입니다. 백성들을 공경하면 화합하고 친족을 모으면 기뻐하니, 이것을 '인의仁義의 기강紀綱'이라 합니다.

남으로 하여금 군주의 권위를 빼앗지 못하게 하여야 하니, 인심人心의 밝음을 따르고 천도天道의 떳떳함을 순히 하여, 순종하는 자는 군주의 덕을 그리워하게 하고 거스르는 자는 힘으로 정벌해서, 그 일을 공경하고 의심하지 않으면 천하가 화합하고 복종할 것입니다."

제8편 국가의 수호 〔守國〕

문왕이 태공에게 물었다.

"군주가 나라를 지키려면 어떻게 해야 합니까?"

태공이 대답하였다.

"목욕재계하소서. 장차 임금님께 천지天地의 떳떳한 이치와 사시四時의 낳는 바와 인성仁聖의 도道와 백성의 중요한 실정을 말씀드리겠습니다."

문왕이 7일 동안 몸과 마음을 정결히 하고 북향하여 재배하고 묻자, 태공이 대답하였다.

"하늘은 사시를 낳고, 땅은 만물을 낳고, 천하의 백성을 성인이 맡아 기릅니다. 그러므로 봄의 도는 낳아서 만물이 영화롭고, 여름의 도는 자라게 하여 만물이 이루어지고, 가을의 도는 거두어서 만물이 가득 차고, 겨울의 도는 감추어서 만물이 고요합니다. 만물이 가득하면 감추고 감추면 다시 일어나 시작됩니다. 보통 사람들은 끝을 알지 못하고 시작을 알지 못하는데, 성인은 이를 배합하여 천지天地의 기강紀綱을 만들었습니다.

그러므로 천하가 잘 다스려지면 인자仁者와 성인聖人이 모습을 감추어 숨고, 천하가 혼란하면 인자와 성인이 나타나 많아지니, 지극한 도가 그러합니다.

천지의 사이에 있는 성인은 보배로 여기는 것이 참으로 크니, 성인은 백성을 보배로 여깁니다. 떳떳한 도로써 보살피면 백성들이 편안해지니, 백성들이 동요하면 변화의 기미가 되고, 기미가 발동하면 득실이 있어 다투게 됩니다.

그러므로 음陰인 전쟁이나 형벌로써 정벌하고 양陽인 덕택德澤으로써 모으니, 군주가 선창을 하면 천하가 화합하는 것입니다. 사물은 극에 달하면 다시 상도常道로 돌아가게 되니, 나가서 다투지도 않고 물러나서 양보하지도 않으며 〈중화中和의 도를 얻고자 해야〉 합니다. 나라를 지키기를 이와 같이 하면 천지와 더불어 광채를 함께합니다."

제9편 현자賢者에 대한 존중〔上賢〕

문왕이 태공에게 물었다.

"백성의 왕이 된 자는 누구를 상上으로 삼고 누구를 하下로 삼으며, 무엇을 취하고 무엇을 버리며, 무엇을 금하고 무엇을 그치게 하여야 합니까?"

태공이 대답하였다.

"현자賢者를 상으로 삼고 불초不肖한 자를 하로 삼으며, 충성스럽고 신실한 선비를 취하고 속이고 거짓을 행하는 자를 버리며, 포악함과 혼란함의 단서를 금하고 사치한 마음을 그치게 해야 합니다. 그러므로 백성의 왕이 된 자에게는 여섯 가지 해침〔六賊〕과 일곱 가지 폐해〔七害〕가 있습니다."

문왕이 말씀하였다.

"그 방도를 듣기 원합니다."

태공이 대답하였다.

"먼저 여섯 가지 해침에 대해 말씀드리겠습니다.

첫 번째, 신하 중에 궁실과 연못과 누대를 크게 만들어 놓고 구경하고 노래하며 즐기는 자가 있으면, 왕의 덕德을 손상시킵니다.

두 번째, 백성 중에 농사짓고 누에치는 것을 일삼지 않고, 의기에 맡기고 의협심에 불타서 법과 금령을 범하고 관리들의 가르침을 따르지 않는 자가 있으면, 왕의 덕화德化를 손상시킵니다.

세 번째, 신하 중에 붕당朋黨을 맺어서 어진 이와 지혜로운 이를 은폐하고 군주의 총명을 가리는 자가 있으면, 왕의 권력權力을 손상시킵니다.

네 번째, 선비 중에 뜻을 고상히 하고 절개를 높이는 것을 기세로 삼으며, 밖으로 제후들과 교제하고 자기 군주를 소중히 여기지 않는 자가 있으면, 왕의 위엄威嚴을 손상시킵니다.

다섯 번째, 신하 중에 관작을 하찮게 여기고 담당관을 천하게 여겨서 윗사람을 위해 어려운 일을 하는 것을 부끄러워하는 자가 있으면, 공신의 공로功勞를 손상시킵니다.

여섯 번째, 권력가의 종친宗親이 서로 침략하고 빼앗아서 가난하고 약한 백성을 능멸하고 업신여기면, 서민들의 생업生業을 손상시킵니다.

다음, 일곱 가지 폐해에 대해 말씀드리겠습니다.

첫 번째, 지략과 권모가 없는데도 많은 상과 높은 관작을 내리는 것입니다. 이 때문에 강하고 용맹스레 가볍게 싸우는 자가 밖에서 요행으로 승리를 바라게 되니, 왕은 삼가 이러한 사람을 장수로 삼지 말아야 합니다.

두 번째, 허황한 명성만 있고 실제가 없어서 나가고 들어옴에 괴이한 말을 하며, 남의 선善을 엄폐하고 남의 악惡을 드날리며 나아가고 물러남에 교묘한 일을 하면, 왕은 삼가 이러한 사람과 함께 정사를 논의하지 말아야 합니다.

세 번째, 몸을 검소하게 하고 거친 의복을 입으며, 무위자연無爲 自然을 말해서 명예를 구하고 욕심이 없음을 말해서 이익을 추구하면 이는 거짓된 사람이니, 왕은 삼가 이러한 사람을 가까이하지 말아야 합니다.

네 번째, 두건과 띠를 기이하게 하고 훌륭한 의복을 입으며, 견문이 넓고 말을 잘하며 허황된 담론과 높은 의론을 하여 겉치레를 잘하며, 곤궁하게 살고 고요히 거처하면서 시속時俗을 비방하면 이는 간사한 사람이니, 왕은 삼가 이러한 사람을 총애하지 말아야 합니다.

다섯 번째, 남을 모함하고 말을 잘하는 자가 탐욕을 부려 관작을 바라며, 과감하여 죽음을 가볍게 여기는 자가 녹봉과 품계를 탐하여, 큰일을 도모하지 않고 이익만 추구하며 고상한 담론과 허황된 의론으로 군주를 기쁘게 하면, 왕은 삼가 이러한 사람을 부리지 말아야 합니다.

여섯 번째, 조각한 문식과 아름다운 새김과 뛰어난 기교로 화려한 꾸밈을 만들어서 농사를 해치면, 왕은 반드시 이러한 사람을 금지시켜야 합니다.

일곱 번째, 거짓된 방법과 기이한 기예와 무고巫蠱와 이단異端의 상서롭지 못한 말로 양민良民을 현혹시키면, 왕은 반드시 이러한 사람을 막아야 합니다.

그러므로 백성들이 힘을 다하지 않으면 군주의 백성이 아니요, 선비가 충성스럽고 신실하지 않으면 군주의 선비가 아니요, 신하가 충성으로 충고하지 않으면 군주의 신하가 아니요, 관리들이 공평하고 결백하여 백성을 사랑하지 않으면 군주의 관리가 아니요, 정승이 나라를 부유하게 하고 군대를 강하게 하고 음양陰陽을 조화시켜 천자를 편안하게 하지 못하며, 여러 신하들을 바로잡고 명분과 실제를 결정하며 상과 벌을 분명히 시행하고 만민을 즐겁게 하지 못하면 군주의 정승이 아닙니다.

왕의 도道는 용의 머리와 같아서 높은 데 있으면서 멀리 바라보고 깊이 살펴보면서 자세히 들으며, 그 형체만 보이고 그 실정을 숨기며, 하늘처럼 높아 올라갈 수 없고 못처럼 깊어 측량할 수 없는 것입니다.

그러므로 군주가 노여워해야 하는데 노여워하지 않으면 간신이 일어나고, 군주가 죽을 죄지은 자를 죽이지 않으면 큰 역적이 발동하고, 군주가 군대의 형세를 이루지 않으면 적국이 마침내 강성해지는 것입니다."

문왕이 말씀하였다.

"좋은 말씀입니다."

제10편   인재의 등용〔擧賢〕

문왕이 태공에게 물었다.

"군주가 어진 사람을 등용하려고 노력하는데도 그 효험을 얻지 못하고 세상의 혼란이 더욱 심해져서 위태로움과 멸망에 이르는 것은 어째서입니까?"

태공이 대답하였다.

"어진 이를 들어 쓰면서도 제대로 등용하지 못하면, 현자賢者를 들어 썼다는 이름만 있고 현자를 등용한 실제가 없는 것입니다."

문왕이 물었다.

"그 잘못이 어디에 있습니까?"

태공이 대답하였다.

"그 잘못은 군주에게 있으니, 세속에서 칭찬하는 자를 등용하기 좋아하고 참된 현자를 얻지 못했기 때문입니다."

문왕이 물었다.

"어째서입니까?"

태공이 대답하였다.

"군주가 세속에서 칭찬하는 자를 어질다고 여기고 세속에서 헐뜯어 비방하는 자를 불초하다고 여기면, 도당徒黨이 많은 자가 등용되고 도당이 적은 자가 물러갈 것이니, 이와 같이 되면 여러 간사한 자들이 당을 만들고 사사로움을 도모하여 어진 신하를 은폐해서 충신은 죄 없이 죽고 간신은 헛된 칭찬으로 관작과 지위를 취합니다. 이 때문에 세상의 혼란이 더욱 심해지면 나라가 위태로움과 멸망을 면치 못하게 됩니다."

문왕이 물었다.

"현자의 등용을 어떻게 해야 합니까?"

태공이 대답하였다.

"장수將帥와 정승政丞이 직책을 나누어서 각기 관직의 명칭에 걸맞게 사람을 등용하되, 관직의 명칭에 따라 실제를 책임 지우고 인재를 선발하여 재능을 살펴서, 실제가 그 이름에 합당하고 이름이 그 실제에 합당하게 하면, 현자를 등용하는 방도를 얻을 수 있습니다."

제11편 신상필벌信賞必罰〔賞罰〕

문왕이 태공에게 물었다.

"상賞은 선善을 권장하는 방도를 보존하기 위한 것이요, 벌罰은 악惡을 징계하는 방도를 보이기 위한 것입니다. 내가 한 사람에게 상을 주어서 백 사람을 권면하고, 한 사람에게 벌을 주어서 여러 사람을 징계하고자 하니, 어찌해야 합니까?"

태공이 대답하였다.

"무릇 상을 사용하는 자는 신용을 귀하게 여기고, 벌을 사용하는 자는 기필함을 귀하게 여기니, 군주나 장수가 늘 보고 듣는 사람에게 신상필벌信賞必罰을 행하면 자신이 듣고 보지 못한 자들 중에 저절로 교화되지 않는 이가 없을 것입니다. 진실은 천지天地에 통하고 신명神明에 통하는데, 하물며 사람에게 있어서이겠습니까."

제12편 용병用兵의 대도大道〔兵道〕

무왕武王이 태공에게 물었다.

"용병하는 방도는 어떻게 해야 합니까?"

태공이 대답하였다.

"무릇 용병하는 방도는 한결 같음 즉 성실하고 전일專一함에 지나지 않으니, 한결같은 자는 대적할 자가 없어 능히 홀로 가고 홀로 올 수 있습니다. 황제黃 帝가 말씀하기를 '한결같은 자는 도道에 오를 수 있고 신神에 가 깝다.' 하였으니, 이것을 사용하 는 것은 기회에 달려 있고, 이것

황제黃帝

을 드러내는 것은 형세에 달려 있고, 이것을 이루는 것은 군주에 게 달려 있습니다. 그러므로 성스러운 제왕은 병기兵器를 흉기兇器 라 이름하여 부득이한 경우에만 사용하였습니다.

지금 상商나라의 주왕紂王(B.C. 1105~B.C. 1146)은 나라가 보존될 줄만 알고 망할 줄은 알지 못하며, 즐거움만 알고 재앙과 화를 알 지 못하니, '보존'은 보존에 빠지는 것이 아니요 망함을 우려함에

달려 있으며, '즐거움'은 즐거움을 탐닉하는 것이 아니요 재앙과 화를 우려함에 달려 있습니다. 지금 임금께서 이미 그 근원을 염려하시니, 어찌 그 말류未流를 근심할 것이 있겠습니까."

무왕이 말씀하였다.

"두 군대가 서로 만났을 적에 저들이 올 수 없고 우리가 갈 수 없어서 각각 견고한 대비를 하여 감히 먼저 발동하지 못하면, 내 저들을 습격하고자 하나 그 이익을 얻지 못할 것이니, 어찌해야 합니까?"

태공이 대답하였다.

"겉으론 혼란하면서도 안으론 정돈되고, 굶주린 것처럼 보이면서도 실제로는 배부르고, 안은 정예로우면서도 겉은 무딘 체하며, 한 번 모이고 한 번 떠나서 통제가 없는 것처럼 보이고, 한 번 집합하고 한 번 해산하여 기강이 없는 것처럼 보여서 그 계책을 숨기고 기미機微를 은밀히 하며, 보루를 높이 쌓고 정예병을 숨겨서 조용하여 소리가 없는 것처럼 하면, 적은 우리가 철저히 대비함을 알지 못할 것이니, 적이 서쪽으로 오고자 하면 우리는 그 동쪽을 습격하는 것입니다."

무왕이 말씀하였다.

"적이 우리의 실정을 알고 우리의 계책을 통달하고 있으면 어찌해야 합니까?"

태공이 대답하였다.

"군대가 승리하는 방법은 적의 기밀을 은밀히 살펴 편리한 틈을

신속히 타고, 다시 적이 예상하지 않은 곳을 급히 공격하는 것입
니다."

Ⅱ. 무도 武韜

무武란 과감한 결단성과 꿋꿋한 의지로 적에게 위엄을 보여 불의不義를 타파하고 혼란을 바로잡아 국가의 기강을 세우는 바탕이다. 이 편에서는 천하를 다스리는 요체와 적국을 공격하여 패망시키는 책략 등을 주로 언급하였다.

제13편　백성을 구제救濟하는 방책의 계발〔發啓〕

문왕이 풍읍酆邑에 있으면서 태공을 불러 말씀하였다.

"아! 상왕商王의 포학함이 이미 지극하여 무죄한 사람을 죄주어 죽이고 있습니다. 공公은 부디 백성을 근심하는 나를 도와주어야 하니, 어떻게 해야 하겠습니까?"

태공이 대답하였다.

"임금께서는 부디 덕을 닦으시어 현자에게 몸을 낮추고 백성들에게 은혜를 베푸시면서 천도天道를 관찰하소서. 천도가 재앙이 없으면 먼저 창도倡道할 수가 없고, 인도人道가 재앙이 없으면 먼저 도모할 수가 없습니다.

하늘이 재앙을 내리고 또 사람이 재앙을 낳아야 비로소 도모하여 공격할 수 있으며, 밝은 곳에서 포학한 일을 하고 어두운 곳에서 나쁜 짓을 하면 비로소 그 마음이 어둡고 미혹된 것을 알 수 있으며, 밖에서 포학한 정사를 하고 안에서 간사하고 편벽된 잘못을 하면 비로소 그 뜻이 혼란함을 알 수 있으며, 소원한 자가 이반하고 친근한 자가 추방당하는 것을 보면 인정人情의 향배向背를 알 수 있습니다.

그 도道를 행하면 도에 이를 수 있고, 그 문門을 따르면 문에 들어갈 수 있고, 그 예禮를 세우면 예를 이룰 수 있고, 그 강强함을 다투면 강함을 이길 수 있습니다.

완전한 승리는 싸우지 않고, 훌륭한 군대는 상처를 입지 않습니다. 싸우지 않고 또 상처를 입지 않으면 귀신과 통하니, 미묘하고 미묘합니다. 사람은 앓는 병이 같으면 서로

충거衝車(당거撞車)

구원해주고, 정이 같으면 서로 이루어주고, 미워하는 것이 같으면 서로 도와주고, 좋아하는 것이 같으면 서로 달려갑니다. 그러므로 갑옷과 병기가 없이도 승리하고, 충거衝車와 쇠뇌[弩]의 기아機牙가 없이도 공격하고, 도랑과 참호가 없이도 지키는 것입니다.

큰 지혜는 지혜롭지 않은 것처럼 보이고, 큰 계책은 계책답지 않은 것처럼 보이고, 큰 용맹은 용맹스럽지 않은 것처럼 보이고,

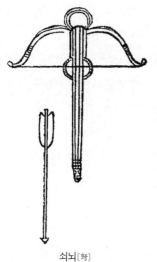

쇠뇌〔弩〕

큰 이로움은 이롭지 않은 것처럼 보이니, 천하를 이롭게 하는 자는 천하 사람들이 열어주고, 천하를 해치는 자는 천하 사람들이 막습니다.

천하라는 것은 군주 한 사람의 천하가 아니요 바로 천하 사람들의 천하입니다. 천하를 취하는 것은 들의 짐승을 쫓는 것과 같아서, 천하 사람들이 모두 고기를 나누어 가지려는 마음을 갖고 있으니, 이는 마치 한 배를 타고 물을 건널 적에 물을 잘 건너가면 모두 함께 그 이익을 얻고 실패하면 모두 함께 그 해로움을 받는 것과 같습니다. 이렇게 하면 모두 열어줄 것이요 막는 자가 없을 것입니다.

백성들에게서 취하지 않는 자는 실제는 백성의 마음을 얻는 자이니, 백성들에게서 취하지 않는 자는 백성이 이롭게 해주고, 나라에서 취하지 않는 자는 나라가 이롭게 해주고, 천하에서 취하지 않는 자는 천하가 이롭게 해줍니다.

그러므로 도의 묘함은 보통 사람들이 볼 수 없는 데에 있고, 일의 치밀함은 보통 사람들이 들을 수 없는 데에 있고, 승리의 공교함은 상대방이 알 수 없는 데에 있으니, 미묘하고 미묘합니다. 사나운 새가 장차 공격하려 할 적에는 낮게 날면서 날개를 거두고, 맹수가 공격하려 할 적에는 귀를 붙이고 엎드려 있으며, 성인이 출동하려 할 적에는 반드시 어리석은 기색이 있습니다.

지금 저 상商나라의 군주는 사람들의 말이 서로 미혹되어 분분하고 아득하며 여색을 좋아함이 끝이 없으니, 이는 망국亡國의 징후입니다.

제가 저들의 농지와 들을 살펴보니 풀과 왕골이 곡식을 이기고, 저들의 백성을 살펴보니 간사한 자와 부정한 자가 정직한 사람을 이기고, 저들의 관리들을 살펴보니 포학하고 잔인하며 법을 무너뜨리고 형벌을 어지럽혀도 윗사람과 아랫사람이 깨닫지 못하니, 이는 망국의 시기입니다.

큰 밝음이 나오면 만물이 모두 밝아지고, 큰 의義가 발동하면 만물이 모두 이롭고, 대군이 출동하면 만물이 모두 복종하니, 위대합니다. 성인의 덕이여! 사람들이 미처 듣고 보지 못하는 바를 홀로 듣고 홀로 보니, 즐거워할 만합니다."

제14편 문덕文德에 의한 계도 〔文啓〕

문왕이 태공에게 물었다.

"성인은 무엇을 지킵니까?"

태공이 대답하였다.

"무엇을 근심하고 무엇을 아끼겠습니까. 만물을 모두 얻습니다. 무엇을 아끼고 무엇을 근심하겠습니까. 만물이 모두 모여듭니다.

정사를 시행함에 백성들이 스스로 교화됨을 알지 못하고, 시절이 있는 곳에 시절이 바뀜을 알지 못합니다. 성인이 이 무위無爲의 정사를 지켜서 만물이 교화되니, 어찌 다함이 있겠습니까. 끝이 나면 다시 시작됩니다.

여유롭게 노닐어서 계속 반복하여 구해야 하니, 구해서 얻으면 은밀한 마음속에 감춰두지 않을 수 없고, 이미 마음속에 감춰두면 남에게 행하지 않을 수 없고, 이미 남에게 행했으면 다시 자신의 재능을 밝히지 않습니다.

하늘과 땅이 스스로 재능을 밝히지 않기 때문에 능히 만물을 생장시키고, 성인이 스스로 밝히지 않기 때문에 능히 명예가 드러나는 것입니다.

옛날 성인이 사람을 모아 집안을 만들고, 집안을 모아 나라를 만들고, 나라를 모아 천하를 만들어서, 어진 사람을 나누어 봉하여 만국萬國을 만들었으니, 이를 명명하여 '대기大紀'라 합니다.

정사와 교화를 펴고 백성의 풍속을 순종하여 여러 부정한 것이 곧아져서 형용이 변하고, 만국의 풍속이 서로 통하지 못하나 각기 자기 거처를 즐거워하여 사람들이 윗사람을 사랑하니, 이를 명명하여 '대정大定'이라 합니다.

아! 성인聖人은 고요히 하는 데 힘쓰고, 현인賢人은 바로잡는 데 힘쓰고, 어리석은 사람은 바르지 못하므로 남과 다투니, 윗사람이 수고로우면 형벌이 많아지고, 형벌이 많아지면 백성들이 근심하고, 백성들이 근심하면 유리流離하고 도망하여 윗사람과 아랫사람이 편안히 살지 못해서 여러 대에 걸쳐 편안히 쉬지 못하니, 이를 명명하여 '대실大失'이라 합니다.

천하의 사람들은 흐르는 물과 같아서, 막으면 멈추고 열어놓으면 가고 고요하게 하면 깨끗해집니다. 아! 신묘합니다. 성인은 백성들이 시작하는 바를 보면 끝마칠 바를 압니다."

문왕이 말씀하였다.

"고요하게 함은 어떻게 해야 합니까?"

태공이 대답하였다.

"하늘은 떳떳한 형체가 있고 백성은 떳떳하게 살려는 뜻이 있으니, 천하와 그 낳고 낳는 이치를 함께하면 천하가 조용해집니다.

가장 좋은 것은 그대로 백성을 따르는 것이고 그 다음은 백성을 교화시키는 것입니다. 백성들이 교화되어 정사를 따르기 때문에 하늘은 실행함이 없이 저절로 일을 이루고, 백성은 위에서 내려주는 것이 없이도 저절로 부유해지니, 이는 성인의 덕입니다."

문왕이 말씀하였다.

"공의 말씀이 바로 내 마음과 부합하니, 내 밤낮으로 생각하고 잊지 않아서, 이것을 나라 다스리는 떳떳한 방도로 삼겠습니다."

제15편 문사文事에 의한 정벌〔文伐〕

문왕이 태공에게 물었다.

"문사文事로 정벌하는 방법은 어떻게 하는 것입니까?"

태공이 대답하였다.

"무릇 문사로 정벌하는 것은 열두 가지가 있습니다.

첫 번째, 적국의 군주가 좋아하는 바를 따라서 그의 뜻에 순종하면 그에게 장차 교만한 마음이 생겨서 반드시 일 벌이기를 좋아하여 여러 공사를 일으키게 될 것이니, 이것을 잘 이용하면 반드시 적국의 군주를 제거할 수 있습니다.

두 번째, 적국의 군주가 사랑하는 자를 친애하게 하여 적국의 위엄을 분산시키는 것이니, 한 사람이 두 마음을 품으면 그 중앙이 반드시 쇠약해지고, 조정에 충신이 없으면 국가가 반드시 위태롭게 됩니다.

세 번째, 적국 군주의 좌우 측근에게 은밀히 뇌물을 주어서 그의 마음을 얻어 정이 깊어지게 하는 것이니, 몸은 안에 있고 마음은 밖(외국)에 있으면 그 나라에 장차 폐해가 생깁니다.

네 번째, 음탕한 음악을 보내주어서 적국 군주의 태만한 마음을 넓혀주며, 주옥珠玉을 많이 주고 미녀美女를 보내어 적국의 군주를 즐겁게 하며, 말을 낮추어 공손히 따르고 명령에 순종하여 영합하면 저들이 장차 우리와 다투지 아니하여 시끄러운 일이 마침내 진정될 것입니다.

다섯 번째, 적국의 충신을 공경하여 적국의 군주가 의심하게 하고 적국에게 주는 선물은 박하게 하며, 적국의 충성스러운 사신을 지체시켜 머물러두고 적국이 요구하는 일을 들어주지 아니하여 적국의 충성스러운 사신을 빨리 교체시키게 하고, 진실한 일을 보여주어서 새로 온 사신을 친애하고 믿게 하면 적국의 군주가 장차 다시 와서 우리와 영합할 것이니, 적국의 충신을 우리가 공경하고 존중하면 적국을 도모할 수 있습니다.

여섯 번째, 적의 조정에 있는 신하와 연합하고 밖에 있는 신하를 이간질하여, 적국의 재주 있는 신하가 밖에서 우리를 돕고 제3의 적국이 안에서 침략하게 하면, 적국이 멸망하지 않는 경우가 적습니다.

일곱 번째, 적국 군주의 마음을 속박하고자 하면 반드시 많은 뇌물을 보내고, 좌우에서 군주에게 충성하고 사랑하는 사람을 거두어서 우리를 위해 도모하게 하고 이어서 은밀히 이익을 보여주어 생업을 가볍게 하게 해서 적국의 저축을 공허하게 만드는 것입니다.

여덟 번째, 적국의 신하들에게 큰 보물을 뇌물로 주고서 이것을 통해 적과 도모해야 하니, 도모하여 적국이 이로우면 이익을 탐하여 반드시 우리를 믿을 것입니다. 이것을 중친重親이라 하니, 중친이 쌓이면 반드시 우리의 쓰임이 될 것입니다. 나라를 소유하고도 마음이 밖에 있으면 반드시 그 나라가 피폐하게 됩니다.

　아홉 번째, 훌륭한 명성으로 적국의 군주를 높여주고 그 몸을 곤란하게 하지 말아서 대세가 적국에게 기우는 것처럼 보여주고, 저들의 말을 따라서 반드시 우리를 믿게 한 다음 적국의 훌륭함과 높음을 이루어주어 먼저 영화롭게 하고 은밀히 성인이라고 추켜세우면, 적국이 마침내 크게 안일에 빠지게 될 것입니다.

　열 번째, 몸을 낮추어 적국을 섬기되 반드시 성신誠信으로 하여 적국의 실정을 알아내고, 적국의 뜻을 받들고 일에 순응하여 공생공존하려는 것처럼 하며, 이미 적의 실정을 알았으면 이에 은밀히 거두어야 하니, 적국의 망할 시기가 장차 이르게 되면 하늘이 망치는 것과 같이 쉽습니다.

　열한 번째, 도道로써 적국을 막는 것입니다. 신하들은 부귀富貴를 중시하고 위태로움과 허물을 싫어하지 않는 자가 없으니, 적국의 신하들에게 은근히 적국의 훌륭함과 높음을 보여주고 은밀히 많은 보물을 주어서 적국의 호걸들을 거두며, 자국에 축적된 것이 매우 많으면서도 겉으로는 궁핍한 것처럼 꾸며서 은밀히 지혜 있는 선비들을 받아들여 계책을 도모하게 하고 용사들을 받아들여 사기를 높여주어서, 이들의 부귀가 매우 풍족하여 항상 남음이 있게 하고 우리의 도당이 이미 갖추어지게 하면, 이것을 일러 '적국을 막는다.'라고 하는 것이니, 나라가 있으나 다른 나라에 막히면 어찌 나라를 소유할 수 있겠습니까?

　열두 번째, 적국의 난신亂臣을 길러 군주의 마음을 미혹시키고,

미녀와 음탕한 음악을 바쳐 군주의 마음이 홀리게 하고, 좋은 사냥개와 말을 보내어 군주의 몸을 수고롭게 하고, 때로 대세大勢를 보여주어 유인해서 위로 살펴 천하와 더불어 도모하는 것입니다.

이 열두 가지가 구비되어야 비로소 무사武事를 이룰 수 있으니, 이른바 '위로 천시天時를 관찰하고 아래로 지리地理를 관찰하여 징험이 나타나야 비로소 정벌한다.'는 것입니다."

제16편 인심의 순응 〔順啓〕

문왕이 태공에게 물었다.

"어떻게 하면 천하를 다스릴 수 있습니까?"

태공이 대답하였다.

"군주의 도량度量이 천하를 뒤덮을 만한 뒤에 천하를 포용할 수 있고, 신의信義가 천하를 뒤덮을 만한 뒤에 천하와 약속할 수 있고, 인仁이 천하를 뒤덮을 만한 뒤에 천하를 품을 수 있고, 은혜恩惠가 천하를 뒤덮을 만한 뒤에 천하를 보전할 수 있고, 권도權道가 천하를 뒤덮을 만한 뒤에 천하를 잃지 않을 수 있고, 일을 하면서 의심하지 않으면 천운天運이 바뀌지 않고 시변時變이 옮겨가지 않으니, 이 여섯 가지가 구비된 뒤에야 천하를 다스릴 수 있습니다.

그러므로 천하를 이롭게 하는 자는 천하가 열어주고 천하를 해롭게 하는 자는 천하가 막으며, 천하를 살려주는 자는 천하가 은덕으로 여기고 천하를 죽이는 자는 천하가 해치며, 천하를 형통하게 하는 자는 천하가 형통하게 하고 천하를 곤궁하게 하는 자는 천하가 원수로 여기며, 천하를 편안하게 하는 자는 천하가 믿고 천하를 위태롭게 하는 자는 천하가 재앙을 내립니다.

천하라는 것은 군주 한 사람의 천하가 아니니, 오직 도道가 있는 자가 처할 수 있는 것입니다."

제17편 세 가지 의심 〔三疑〕

무왕이 태공에게 물었다.

"내가 공功을 세우고자 하나 세 가지 의심스러운 점이 있습니다. 힘이 저들의 강함을 공격하지 못하고 친함을 이간질하지 못하고 적의 많은 병력을 이산시키지 못할까 두려우니, 어찌해야 합니까?"

태공이 대답하였다.

"적의 형세를 이용하려면 계책을 신중히 세우고 재물을 사용하여야 합니다. 강한 적을 공격할 적에는 반드시 적을 길러주어 강하게 만들고 적을 보태주어 더 크게 만들어주어야 하니, 너무 강하면 반드시 꺾이고 너무 커지면 반드시 망가집니다. 강한 적을 강함으로써 공격하고, 친한 사람을 친한 사람으로써 이간질하고, 많은 병력을 많은 병력으로써 이산시켜야 합니다.

무릇 적을 도모하는 방도는 주도면밀함을 보배로 여기니, 일의 기밀을 베풀어놓고 이익을 보여주면 저들에게 다투는 마음이 반드시 일어나게 됩니다.

적국의 군주가 친애하고 믿는 사람을 이간질하고자 하면, 적국의 군주가 사랑하는 자와 총애하는 사람을 이용하여 그가 원하는 것을 주고 이롭게 여기는 것을 보여주고서, 인하여 적국의 군주가 소원히 하게 하여 뜻을 얻지 못하게 하여야 하니, 저들이 이익을 탐하여 우리를 몹시 좋아하면 우리에 대한 의심이 마침내 사라지게 됩니다.

무릇 적을 공격하는 방도는, 반드시 먼저 저들이 잘 아는 곳을 막은 뒤에 적의 강한 곳을 공격하고 크게 해로운 것을 훼손하여, 백성들의 폐해를 제거하는 것입니다.

적국의 군주를 아름다운 여색으로 음탕하게 하고 이익으로 유인하고 맛있는 음식으로 길러주고 음악으로 즐겁게 해주어 친한 사람을 이간질하고 또 반드시 백성을 멀리하게 하되, 그로 하여금 이러한 계책을 알지 못하고 받아들이게 해서 그 내용을 깨닫지 못하게 하여야 하니, 그런 뒤에야 일이 이루어질 수 있습니다.

적국의 백성들에게 은혜를 베풀되 재물을 아끼지 말아야 하니, 백성은 소나 말과 같아서 자주 먹이를 주고 사랑하여야 합니다.

마음으로써 지혜를 열어주고 지혜로써 재물을 열어주고 재물로써 무리를 열어주고 무리로써 어진 이를 열어주어야 하니, 어진 이를 열어주면 천하에 왕 노릇할 수 있습니다."

Ⅲ. 용도 龍韜

용은 동양적 개념으로 상상의 동물이나, 변화무쌍한 조화와 선
善을 추구하는 인간에게 동경의 대상으로 인식되었으므로 이를 편
명으로 삼은 것이다. 이 편에서는 군대의 편성과 운용, 장수의 자
질과 요건, 참모의 임용 등에 관한 내용이 폭넓게 언급되어 있다.

제18편   제왕의 보좌 〔王翼〕

무왕이 태공에게 물었다.

"왕이 군대를 거느릴 적에 반드시 고굉股肱(다리와 팔처럼 중요한
신하)과 우익羽翼(군주나 장군을 보좌하는 신하)이 있어서 위엄威嚴과
신명神明을 이루어야 하니, 어찌해야 합니까?"

태공이 대답하였다.

"무릇 군대를 일으켜 출동할 적에는 장수를 사명司命(백성의 운명
을 좌우하는 자)으로 삼으니, 사명은 여러 가지를 통달해야 하고 한
가지 방법만 지켜서는 안 됩니다. 재능에 따라 직책을 맡겨주어서
각각 그 사람의 장점을 취하고, 때에 따라 변화하여 기강紀綱으로
삼아야 합니다. 그러므로 장수에게는 고굉과 우익 72명이 있어서
천도天道에 응하니, 숫자를 법식과 같이 구비하여 천명과 이치를

살펴 알고 특별한 재능과 기이한 기예를 구비하면 모든 일을 잘 끝마칠 수 있습니다."

무왕이 물었다.

"그 조목을 듣고 싶습니다."

태공이 대답하였다.

"복심腹心 한 사람은 계책을 돕고 갑자기 일어나는 일에 대응하며, 천문天文을 헤아리고 재변災變이 사라지게 하며, 계책을 총괄하여 백성들의 생명을 보전하는 일을 주관합니다.

모사謀士 다섯 사람은 국가의 안위安危를 도모하고 아직 드러나지 않은 일을 미리 생각하여 대처하며, 사람의 덕행과 재능을 평론하고 상과 벌을 밝혀서 관직과 지위를 맡겨주며, 의심스러운 일을 결단하고 가부를 결정하는 것을 주관합니다.

천문天文 세 사람은 별과 책력冊曆을 맡아서 바람과 기후를 살피고 시절과 날짜를 추측하며, 조짐을 상고하고 재이災異를 비교하여 천심天心이 떠나고 나아가는 기미를 아는 것을 주관합니다.

지리地理 세 사람은 군대가 가고 멈추는 형세, 이해利害가 사라지고 불어남, 거리의 멀고 가까움, 지형의 험하고 평탄함, 물의 마름과 산의 막힘을 살펴서 지형의 편리함을 잃지 않는 것을 주관합니다.

병법兵法 아홉 사람은 형세의 이동異同과 행하는 일의 성패成敗를 강론하며, 병기를 가려 연습시키고 불법 행동을 적발하는 것을 주관합니다.

통량通糧 네 사람은 병사들이 먹고 마시는 음식을 헤아려 미리 저축하며 군량 수송로를 통하고 오곡五穀을 마련해 오게 해서, 삼군三軍이 곤궁하거나 궁핍하지 않게 하는 것을 주관합니다.

분위奮威 네 사람은 재주와 힘이 뛰어난 병사를 가려 뽑고 병기와 갑옷을 논하여, 바람처럼 달려가고 번개처럼 신속하게 행동해서 연유하는 바를 알지 못하게 하는 것을 주관합니다.

복기고伏旗鼓 세 사람은 깃발을 세우고 눕히며 북을 치고 멈추어서 병사들의 귀와 눈을 밝히며, 신표信標와 인장印章을 위조하고 암호를 바꾸어 갑자기 출몰하여 나가고 들어오기를 귀신과 같이 하는 것을 주관합니다.

고굉股肱 네 사람은 중요한 직책을 맡고 어려운 일을 관장하며, 도랑과 해자를 수리하고 성벽과 보루를 다스려서 수비와 방어를 갖추는 일을 주관합니다.

통재通才 두 사람은 장수가 빠뜨리거나 잊어버리는 것을 수습해주고 잘못을 지적해주며, 이웃 나라의 사신을 응대하여 그와 의논하고 담소해서 환난患難이 사라지게 하고 분쟁을 해결하는 것을 주관합니다.

권사權士 세 사람은 기이한 계책과 속임수를 쓰고 색다른 일을 만들어내서 보통 사람들이 알 수 없는 것으로 무궁무진한 변화를 행하는 것을 주관합니다.

이목耳目 일곱 사람은 왕래하면서 사람들의 말을 듣고 그 변동하는 것을 살펴보아 사방의 일과 군대의 실정을 관찰하는 것을 주관합니다.

조아爪牙 다섯 사람은 군대의 위엄과 무용武勇을 드날리고 삼군을 격려하여, 험난함을 무릅쓰고 정예로운 적을 공격함에 의심하고 우려하는 바가 없게 하는 것을 주관합니다.

우익羽翼 네 사람은 장수의 명예를 드날려서 먼 지방을 진동시키고 사방 국경을 동요하게 해서 적의 마음을 약화시키는 일을 주관합니다.

유사遊士 여덟 사람은 적의 간사함을 살피고 적의 변화를 엿보며, 인정人情의 향하고 동요함을 살피고 적의 의도를 관찰하여 간첩을 운용하는 일을 주관합니다.

술사術士 두 사람은 속임수를 만들어서 귀신에 가탁하여 적국 사람들의 마음을 혼란하게 하는 일을 주관합니다.

방사方士 세 사람은 온갖 약재藥材를 가지고 금창金瘡(칼, 창, 화살 등 병기에 의한 상처)을 치료하고 만병을 낫게 하는 일을 주관합니다.

법산法算 두 사람은 삼군의 진영과 보루의 넓고 좁음과 군량의 많고 적음과 재정의 출입하는 숫자를 회계하는 일을 주관합니다."

제19편 장수의 재질에 대한 논평〔論將〕

무왕이 태공에게 물었다.

"장수를 논하는 방도는 어떻게 해야 합니까?"

태공이 대답하였다.

"장수에게는 다섯 가지 재능과 열 가지 잘못이 있습니다."

무왕이 말씀하였다.

"감히 그 조목을 묻습니다."

태공이 대답하였다.

"이른바 '다섯 가지 재능'이라는 것은 용맹勇猛과 지혜智慧와 인자仁慈함과 신실信實과 충성忠誠이니, 용맹하면 범할 수 없고 지혜로우면 혼란하게 할 수 없고 인자하면 사람을 사랑하고 성실하면 속이지 않고 충성스러우면 두 마음을 품지 않습니다.

이른바 '열 가지 잘못'이라는 것은, 용맹하여 죽음을 가볍게 여기는 자가 있고, 성질이 급하여 속히 서두르는 자가 있고, 탐욕스러워 이익을 좋아하는 자가 있고, 인자하여 남을 차마 해치지 못하는 자가 있고, 지혜로우나 겁이 많은 자가 있고, 진실하여 남을 믿기 좋아하는 자가 있고, 청렴결백하나 남을 사랑하지 않는 자가 있고, 지혜로우나 마음이 느슨한 자가 있고, 강하고 굳세어 자기 지혜를 마음대로 쓰는 자가 있고, 나약하여 남에게 맡기기를 좋아하는 자가 있습니다.

용맹하여 죽음을 가볍게 여기는 자는 갑자기 성나게 할 수 있고, 성질이 급하여 속히 서두르는 자는 오랫동안 지구전持久戰을 하여 막을 수 있고, 탐욕스러워 이익을 좋아하는 자는 뇌물을 주어 매수할 수 있고, 인자하여 남을 차마 해치지 못하는 자는 수고롭게 할 수 있고, 지혜로우나 겁이 많은 자는 곤궁하게 할 수 있고, 진실하여 남을 믿기 좋아하는 자는 속일 수 있고, 청렴결백하나 남을 사랑하지 않는 자는 모욕을 주어 성내게 할 수 있고, 지혜로우나 마음이 느슨한 자는 급히 습격할 수 있고, 강하고 군세어서 자기 지혜를 마음대로 쓰는 자는 일로써 번거롭게 할 수 있고, 나약하여 남에게 맡기기를 좋아하는 자는 계략으로 속일 수 있습니다.

그러므로 전쟁은 국가의 큰일이요, 존망存亡의 갈림길입니다. 삼군의 운명이 장수 한 사람에게 달려 있으니, 장수는 나라의 보필이요 선왕이 소중히 여긴 것입니다. 그러므로 장수를 임명할 적에 살피지 않으면 안 되는 것입니다.

그러므로 말하기를 '전쟁은 양쪽이 모두 승리할 수 없고 또한 양쪽이 모두 패할 수도 없다.' 하였으니, 군대가 출동하여 국경을 넘어가서 10일이 되기 전에 나라를 망치는 일이 있지 않으면, 반드시 군대가 패망하고 장수를 죽이는 일이 있게 됩니다."

무왕이 말씀하였다.

"좋은 말씀입니다."

제20편　장수의 선발〔選將〕

무왕이 태공에게 물었다.

"왕이 군대를 출동할 적에 영명英明하고 임기응변을 아는 선비를 잘 선발하여야 하니, 선비들의 현불초賢不肖(어짊과 못남)를 알려면 어찌해야 합니까?"

태공이 대답하였다.

"선비의 외모가 마음과 서로 부합하지 않는 것이 열다섯 가지 있습니다.

겉은 어진 듯하나 실제로는 불초한 자가 있고, 성품은 온화하고 선량하나 도둑질하는 자가 있고, 외모는 공경하는 듯하나 마음이 태만한 자가 있고, 외모는 청렴하고 근신하는 듯하나 마음속에 공경심이 없는 자가 있고, 외모는 정밀하고 자세하나 실정이 없는 자가 있고, 외모는 담박하고 깨끗하나 성실성이 없는 자가 있고, 지모를 좋아하나 결단성이 없는 자가 있고, 과감한 듯하나 내실은 능하지 못한 자가 있고, 외모는 성실한 듯하나 진실하지 못한 자가 있고, 외모는 허황한 듯하나 내면은 도리어 충성스럽고 성실한 자가 있고, 성정性情은 괴이하고 과격하나 공효功效를 잘 드러내는 자가 있고, 외모는 용맹하나 내실은 겁이 많은 자가 있고, 외모는 엄숙하고 공경스러우나 도리어 남을 깔보는 자가 있고, 외모는 위엄이 있으나 도리어 고요하고 성실한 자가 있고, 기세가 허약하고 외모가 졸렬한 듯하나 밖으로 나가면 이르지 못하는 곳이 없고 사신으로 가면 모든 임무를 제대로 달성하는 자가 있습니다.

이러한 선비는 천하 사람들이 천하게 여기나, 성인聖人은 귀하게 여깁니다. 보통 사람들은 알지 못하니, 사람을 알아보는 명철함이 있는 자가 아니면 그 실제 모습을 알아보지 못합니다. 이는 선비의 외모와 속마음이 서로 부응하지 않기 때문입니다."

무왕이 물었다.

"어떻게 알 수 있습니까?"

태공이 대답하였다.

"이것을 아는 데에는 여덟 가지 징험이 있습니다. 첫 번째는 말로 질문하여 자세함을 관찰하는 것이요, 두 번째는 말로 끝까지 힐문하여 임기응변함을 관찰하는 것이요, 세 번째는 간첩의 기밀을 주어서 성실함을 관찰하는 것이요, 네 번째는 숨기지 않고 명백하게 물어서 덕행을 관찰하는 것이요, 다섯 번째는 재물을 주어서 청렴함을 관찰하는 것이요, 여섯 번째는 여색으로 시험하여 올곧은 마음을 관찰하는 것이요, 일곱 번째는 환란의 일을 말해주어 용감함을 관찰하는 것이요, 여덟 번째는 술에 취하게 하여 태도를 관찰하는 것이니, 여덟 가지 징험이 모두 갖추어지면 어질고 어질지 못함이 구별됩니다."

제21편　대장의 임명 〔立將〕

무왕이 태공에게 물었다.

"장수를 세우는 방도는 어떻게 해야 합니까?"

태공이 대답하였다.

"무릇 나라에 환난이 있으면 군주가 정전正殿을 피하고 장수를 불러 명하기를 '국가의 편안하고 위태로움이 오로지 장군에게 달려 있다. 지금 아무 나라가 신하 노릇을 하지 않으니 장군이 군대를 거느리고 가서 응징하기를 원하노라.'라고 합니다.

장수가 이미 명령을 받았으면 이에 태사太史에게 명하여 점치게 하되, 군주가 3일 동안 재계하고 종묘宗廟에 가서 신령스런 거북 껍질을 뚫어 길일을 택해서 장수에게 지휘권의 상징인 도끼〔斧鉞〕를 내려줍니다.

이때 군주는 사당 문에 들어가서 서쪽을 향하여 서고, 장수는 사당 문에 들어가서 북쪽을 향하여 서는데, 군주가 직접 날이 위로 향한 도끼의 머리를 쥐고서 그 자루를 장수에게 주면서 말하기를 '이로부터 위로 하늘에 이르기까지를 장군이 통제하라.' 합니다.

다시 날이 아래로 향한 도끼의 자루를 쥐고서 그 칼날을 장수에게 주며 말하기를 '이로부터 아래로 깊은 못에 이르기까지를 장군이 통제하라. 적의 허약함을 보면 전진하고 적의 견실堅實함을 보면 중지하며, 삼군이 많다 하여 적을 깔보지 말고, 군주의 명령을 받은 것을 중하게 여겨서 기필코 전사戰死하려 하지 말고, 자신의 신분이 귀하다 하여 남을 무시하지 말고, 자신의 독단적인 의견으로 사람들의 의견을 어기지 말고, 변사辯士들의 말을 반드시 옳다고 여기지 말라. 병사들이 아직 앉지 않았으면 앉지 말고, 병사들이 아직 밥을 먹지 않았으면 먹지 말며, 추위와 더위를 반드시 함께하라. 이와 같이 하면 병사들이 반드시 사력死力을 다할 것이다.' 라고 합니다.

장수가 명령을 받으면 절하고 군주에게 답하기를 '신臣이 들으니 「나라는 밖에서 다스릴 수 없고 군대는 중앙에서 통제할 수 없으며, 신하가 두 마음을 품으면 군주를 섬길 수 없고 군주가 의심하는 마음을 품으면 적에게 대응할 수 없다.」 하였습니다. 신이 이미 군주의 명령을 받아서 도끼의 위엄을 마음대로 행사하게 되었으니, 신은 감히 살아서 돌아오기를 바라지 않을 것입니다. 원컨대 군주께서도 신을 굳게 믿는다는 한 말씀을 내려주소서. 군주께서 신에게 허락해주지 않으시면 신은 감히 장수 노릇을 못합니다.'라고 합니다.

군주가 허락하면 마침내 하직하고 떠나가서 군중軍中의 일에 대해 군주의 명령을 듣지 않고 모두 장수가 결단해서 적진敵陣에 임하여 결전할 적에 두 마음을 품지 않아야 하니, 이와 같이 하면 위에는 하늘이 없고 아래에는 땅이 없으며, 앞에는 가로막는 적이 없고 뒤에는 통제하는 군주가 없게 됩니다.

이 때문에 지혜로운 자가 국가를 위하여 도모하고 용맹한 자가 국가를 위하여 싸워서, 기운이 청운靑雲을 능멸하고 빠름이 달리는 말과 같아 적과 병기를 접촉하여 싸우지 않아도 적이 항복하는 것입니다.

밖에서 전쟁하여 승리하고 안에서 공이 세워져 부하 장수들은 최고의 상을 받아 승진하고 백성들은 기뻐하여 장수에게 재앙이 없습니다. 이 때문에 바람과 비가 시절에 맞게 내리고 오곡이 풍성하게 여물고 국가가 편안한 것입니다."

무왕이 말씀하였다.

"좋은 말씀입니다."

제22편 장수의 위엄〔將威〕

무왕이 물었다.

"장수는 어떻게 하여야 위엄이 생기고, 어떻게 하여야 밝아지며, 어떻게 하여야 금하는 것이 그쳐지고 명령하는 것이 행해지게 됩니까?"

태공이 대답하였다.

"장수는 형벌을 집행할 적에는 높은 사람을 죽이는 것을 위엄으로 삼고, 싸워서 공을 세웠을 적에는 낮은 사람에게 상 주는 것을 밝음으로 삼으며, 형벌을 자세히 살피는 것으로 금하는 것이 그쳐지고 명령이 행해지게 합니다.

그러므로 한 사람을 죽여서 삼군三軍이 분발하는 경우에는 그 한 사람을 죽이고, 한 사람에게 상 주어서 만인萬人이 기뻐하는 경우에는 그 한 사람에게 상을 주니, 죽임은 높은 사람에게 내리는 것이 효과적이고, 상은 낮은 사람에게 내리는 것이 효과적입니다. 요로要路를 담당한 귀중한 사람을 죽이면 이는 형벌이 위로 끝까지 올라가는 것이요, 소를 기르는 머슴과 말똥을 청소하는 사람과 마구간에서 짐승을 기르는 무리들에게까지 상이 미치면 이는 상이 아래로 통하는 것이니, 형벌이 위로 끝까지 올라가고 상이 아래로 통하면, 장수의 위엄이 행해지는 것입니다."

제23편   군대의 사기 진작 〔勵軍〕

무왕이 태공에게 물었다.

"나는 삼군三軍의 병사들이 적의 성을 공격할 적에 앞을 다투어 올라가고 들에서 싸울 적에 앞을 다투어 달려가며, 징소리(퇴각 신호)를 들으면 노여워하고 북소리(공격 신호)를 들으면 기뻐하게 하고자 하는데, 어찌하면 되겠습니까?"

태공이 대답하였다.

"장수에게는 승리하는 세 가지 방법이 있습니다."

무왕이 물었다.

"감히 그 조목을 묻습니다."

태공이 대답하였다.

"한겨울에 따뜻한 갖옷을 입지 않고 여름에 부채를 잡지 않고 비가 와도 우산을 펴지 않는 장수를 이름하여 '예의를 지키는 장수'라 하니, 장수가 몸소 예의를 행하지 않으면 병사들의 추위와 더위를 알지 못합니다.

좁은 요새를 통과하고 진흙길을 지나갈 적에 반드시 먼저 수레에서 내려 걷는 장수를 이름하여 '힘을 바치는 장수'라 하니, 장수가 몸소 힘을 바치지 않으면 병사들의 수고로움과 괴로움을 알지 못합니다.

병사들이 모두 막사를 정하여야 비로소 막사에 나아가고, 병사들의 밥이 모두 지어져야 비로소 나아가 밥을 먹고 병사들이 불을 피워 밥을 짓지 않았으면 자신도 불을 피워 밥을 짓지 않는 장수를 이름하여 '욕심을 그치는 장수'라 하니, 장수가 몸소 욕심을 그치지 않으면 병사들의 배부름과 굶주림을 알지 못합니다.

장수는 병사들과 더불어 추위와 더위, 수고로움과 괴로움, 배부름과 굶주림을 함께해야 합니다. 그러므로 삼군의 병사가 북소리를 들으면 기뻐하고 징소리를 들으면 노여워하여, 높은 성과 깊은 해자에 화살과 포석砲石이 무수히 쏟아지더라도 앞을 다투어 올라가고, 시퍼런 칼날이 처음 부딪칠 적에도 앞을 다투어 달려가는 것입니다.

이는 병사들이 죽음을 좋아하고 부상당함을 즐거워해서가 아닙니다. 장수가 자기들의 추위와 더위, 배부름과 굶주림을 자세히 살펴 알고, 자기들의 추위와 더위를 분명히 보고 보살펴주기 때문입니다."

제24편 은밀한 부절符節 〔陰符〕

무왕이 태공에게 물었다.

"군대를 이끌고 제후의 땅에 깊숙이 쳐들어갔는데 삼군에 갑자기 일이 생겨서 이롭거나 해로운 경우를 만나면, 내 장차 가까운 곳에서 먼 곳에 통지通知하고 중앙에서 밖에 응하여 삼군의 운용運用을 원활하게 해야 할 터인데, 이 경우 어떻게 해야 합니까?"

태공이 대답하였다.

"군주와 장수가 사용하는 은밀한 부절은 모두 여덟 등급이 있으니, 크게 승리하여 적을 이긴 것을 알리는 부절은 길이가 1척尺이고, 적군을 격파하고 적장을 죽인 부절은 길이가 9촌寸이고, 적의 성을 항복시키고 고을을 얻은 부절은 길이가 8촌이고, 적을 퇴각시켜 먼 곳에 알리는 부절은 길이가 7촌이고, 병사들을 경계하여 굳게 지키게 하는 부절은 길이가 6촌이고, 군량을 요청하고 군대의 증원을 요청하는 부절은 길이가 5촌이고, 우리 군대가 패배하고 우리 장수가 죽은 것을 알리는 부절은 길이가 4촌이고, 우리 군대가 싸워 승리하지 못하고 병사들이 죽은 것을 알리는 부절은 길이가 3촌입니다.

모든 사명使命을 받들고 부절은 사용할 적에 지체한 자와, 부절의 일이 누설되었을 적에 들은 자와 일러준 자를 모두 죽입니다.

　여덟 가지 부절은 군주와 장수가 비밀스럽게 서로 알려서 은밀히 언어言語를 통하고 중외中外에 누설시키지 않고서 서로 알리는 방법이니, 이렇게 하면 적이 아무리 성스럽고 지혜롭더라도 알지 못할 것입니다.”

　무왕이 말씀하였다.

　“좋은 말씀입니다.”

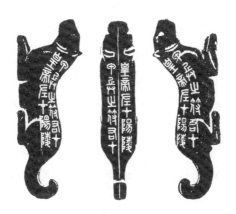

호부虎符

제25편 은밀한 서신書信〔陰書〕

무왕이 태공에게 물었다.

"군대를 이끌고 제후의 땅에 깊숙이 쳐들어가서 군주와 장수가 군대를 연합하여 무궁한 변화를 행하고 헤아릴 수 없이 많은 이익을 도모하고자 하나, 그 일이 매우 많아서 부절符節로는 다 밝힐 수가 없고 서로 멀리 떨어져 있어서 언어로 통할 수 없으면 어떻게 해야 합니까?"

태공이 대답하였다.

"모든 비밀스러운 일과 중대한 계책이 있을 적에는 마땅히 서신을 사용하고 부절을 사용하지 말아야 합니다.

군주는 서신을 장수에게 보내고 장수는 서신으로 군주에게 묻되, 모두 한 장을 두 번 잘라 세 쪽으로 나누어 가져서 한 사람만 알게 하여야 합니다. 두 번 자른다는 것은 서신을 나누어 세 쪽으로 만드는 것이요, 세 쪽을 나누어 가져서 한 사람만 알게 한다는 것은 세 사람이 각자 한 쪽씩 가지고 있어서 서로 참조하여 실정을 알지 못하게 함을 말합니다. 이것을 일러 '은밀한 서신'이라고 하니, 적이 아무리 성스럽고 지혜롭더라도 알지 못할 것입니다."

무왕이 말씀하였다.

"좋은 말씀입니다."

제26편 군대의 형세〔軍勢〕

무왕이 태공에게 물었다.

"적을 공격하고 정벌하는 방도는 어찌해야 합니까?"

태공이 대답하였다.

"형세는 적의 변동에 따라 만들어지고, 임기응변은 두 진영 사이에서 생겨 나오고, 기병奇兵(유격 부대)과 정병正兵은 무궁한 근원에서 나옵니다. 그러므로 지극한 일은 미리 말해주지 않고, 용병술用兵術은 먼저 말하지 않는 것입니다.

또 지극히 중요한 일은 그 말을 믿어 따를 수가 없고, 군대를 운용하는 것은 그 형상을 일정하게 볼 수가 없으니, 갑자기 오가면서 능히 홀로 결단하고 마음대로 조처하여 남이 통제할 수 없는 것이 군대입니다.

적이 우리의 실정을 들으면 우리의 동정動靜을 상의하고 우리의 실정을 보면 우리의 허실虛實을 도모할 것이니, 적이 우리의 동정을 알면 우리가 곤궁해지고 적이 우리의 허실을 분변하면 우리가 위태롭게 됩니다.

그러므로 전쟁을 잘하는 자는 군대를 진열하기를 기다리지 않고, 환난을 잘 제거하는 자는 환난이 생기기 전에 다스리고, 적을 잘 이기는 자는 형체가 없을 때에 이기니, 최고의 전쟁은 적과 싸우지 않는 것입니다.

그러므로 시퍼런 칼날 앞에서 승리를 다투는 자는 훌륭한 장수가 아니고, 이미 잘못한 뒤에 대비하는 자는 최고의 성인이 아니며, 지혜가 보통 사람과 같다면 나라의 스승이 아니고, 기예가 보통 사람과 같다면 나라의 장인匠人이 아닙니다.

전쟁의 일은 반드시 승리하는 것보다 더 좋은 것이 없고, 전술의 운용은 미묘하고 은밀한 것보다 더 좋은 것이 없고, 출동은 적이 생각하지 않은 곳으로 출동하는 것보다 더 좋은 것이 없고, 계책은 적이 알지 못하게 하는 것보다 더 좋은 것이 없습니다.

먼저 승리하는 자는 전투에 앞서 적에게 약함을 보인 뒤에 기병奇兵을 매복하여 싸웁니다. 그러므로 병사는 절반만 쓰고도 공功은 갑절로 거두는 것입니다.

성인은 하늘과 땅의 움직임에서 징험하니, 누가 그 끝을 알겠습니까. 음陰과 양陽의 도道에 순응하여 절후節侯를 따르고, 하늘과 땅이 가득하고 줄어듦에 맞추어 이에 따라 떳떳함으로 삼습니다. 만물은 음양의 오감으로 죽음과 삶이 있어 하늘과 땅의 형상을 따르니, 성인이 이에 하늘과 땅의 형상을 따릅니다.

그러므로 말하기를 '허실의 형상을 보지 못하고서 싸우면 비록 병력이 많더라도 반드시 패한다.' 하였으니, 전쟁을 잘하는 자는 주둔해 있을 적에는 동요하지 않다가 승리할 수 있는 기회를 발견하면 일어나 출동하고, 승리하지 못할 상황이면 중지합니다.

그러므로 말하기를 '두려워하지 말고 망설이지 말아야 하니, 용병用兵의 폐해는 망설임이 가장 크고 삼군의 재앙은 호의狐疑(여우처럼 의심하는 것)보다 더 큰 것이 없다.' 한 것입니다.

전쟁을 잘하는 자는 이로움을 발견하면 놓치지 않고 때(기회)를 만나면 의심하지 않으니, 이로움을 잃고 때에 뒤늦으면 도리어 재앙과 화를 받습니다. 그러므로 지혜로운 자는 때를 따라 출동하여 기회를 잃지 않으며, 공교한 자는 한 번에 결단하고 망설이지 않는 것입니다.

이 때문에 빠른 우레에는 미처 귀를 막지 못하고 빠른 번개에는 미처 눈을 감지 못하여, 급히 놀란 듯 달려가고 맹렬하게 운용해서, 앞을 가로막는 자는 격파되고 가까이 다가오는 자는 멸망하니, 누가 능히 막아내겠습니까.

장수가 사람들이 말하지 않는데 먼저 지키는 것은 신神(신묘함)이요, 사람들이 보지 못하는데 먼저 보는 것은 명明(밝음)입니다. 그러므로 신명神明의 도를 알면 들에 횡포하는 적敵이 없고, 우리와 상대하여 견고하게 서 있을 수 있는 나라가 없는 것입니다."

무왕이 말씀하였다.

"좋은 말씀입니다."

제27편 기병奇兵의 운용 〔奇兵〕

무왕이 태공에게 물었다.

"무릇 용병用兵하는 방법은 대요大要가 어떠한 것입니까?"

태공이 대답하였다.

"옛날에 전쟁을 잘한 자는 하늘 위에서 싸운 것도 아니요, 땅 아래에서 싸운 것도 아닙니다. 그 성공과 실패가 모두 신묘한 형세에 연유하였으니, 이것을 얻은 자는 창성하고 이것을 잃은 자는 패망하였습니다.

두 진영陣營 사이에 갑옷을 꺼내고 병기를 진열하여 병사들을 풀어놓고 항렬이 혼란한 것처럼 보이는 것은 군영軍營을 변화시켜 적을 속이기 위한 것입니다.

우거진 풀이 무성한 곳에 진陣을 치는 것은 도망하기 위한 것입니다.

계곡이 험하고 막힌 곳을 점거하는 것은 적의 전차戰車를 저지하고 적의 기마병騎馬兵을 막기 위한 것입니다.

좁은 요새와 산림이 무성한 곳에 진을 치는 것은 소수의 병력으로 다수의 적을 공격하기 위한 것입니다.

지형이 움푹 파여 저습하며 어둡고 침침한 곳에 진을 치는 것은 군대의 모습을 숨기기 위한 것입니다.

들판이 깨끗하게 보여 숨을 곳이 없는 지역에 진을 치는 것은 용맹과 힘으로 싸우기 위한 것입니다.

장병들의 신속한 행동이 날아가는 화살 같고 공격이 발동하는 기아機牙처럼 빠른 것은 적의 정미함을 격파하기 위한 것입니다.

거짓으로 군대를 매복하고 기병奇兵을 배치하여 적을 멀리서 속이고 유인책을 펼치는 것은 적군을 격파하고 적장을 사로잡기 위한 것입니다.

우리 군대를 사분오열四分五裂시켜 기강이 없는 것처럼 보이는 것은 적의 원형圓形의 진영을 공격하고 적의 정방형正方形의 진영을 격파하기 위한 것입니다.

적군의 놀람을 이용하는 것은 한 명으로 열 명의 적을 공격하고, 적군이 지쳐 피로하고 늦게 주둔함을 이용하는 것은 아군 열 명으로 백 명의 적을 공격하기 위한 것입니다.

기이한 기예를 쓰는 것은 깊은 물을 넘어가고 강하江河를 건너기 위한 것입니다.

강한 쇠뇌와 긴 병기는 물을 건너가 싸우기 위한 것입니다.

관문關門을 길게 설치하고 척후병斥候兵을 멀리 파견하여 신속히 왕래하고 적을 속여 도망하는 것은 적의 성을 항복시키고 적의 고을을 복종시키려는 것입니다.

북을 치고 진격하며 시끄럽게 떠드는 것은 기이한 계책을 행하려는 것입니다.

큰 바람과 심한 비를 이용하는 것은 적의 앞을 공격하고 뒤를 사로잡는 방법입니다.

적의 사자使者라고 거짓으로 칭하는 것은 적의 군량 수송로를 끊기 위한 것이요, 호령과 암호를 바꾸고 적군과 복식을 똑같게 하는 것은 적의 패주를 방비하기 위한 것입니다.

전투할 적에 반드시 의리義理로 격동하는 것은 병사들을 격려하여 적을 이기기 위한 것입니다.

높은 관작官爵과 많은 상을 내리는 것은 명령을 따르도록 권면하기 위한 것이요, 형벌을 엄격하게 내리고 무겁게 처벌하는 것은 피로하고 태만한 병사를 일으키기 위한 것입니다.

한 번 기뻐하고 한 번 노여워하며, 한 번 주고 한 번 빼앗으며, 한 번 문덕文德을 베풀고 한 번 무용武勇을 쓰며, 명령을 한 번 느리게 하고 한 번 빨리 하는 것은, 삼군을 조화하여 마음이 똑같아지게 하고 신하들을 통제해서 힘을 하나로 만들기 위한 것입니다.

높고 탁 트인 지역에 군대를 주둔함은 철저히 경계하여 수비하려는 것이요, 험하고 막힌 곳을 확보함은 견고하게 수비하기 위한 것이요, 산림이 무성하고 우거진 곳을 택함은 은밀히 오가려는 것이요, 해자를 깊이 파고 보루를 높이 쌓고 군량을 많이 비축함은 지구전持久戰을 하기 위한 것입니다.

그러므로 말하기를 '싸우고 공격하는 계책을 알지 못하면 적을 말할 수 없고, 군대를 나누어 이동시키지 못하면 기병奇兵을 말할 수 없고, 다스리고 혼란하게 하는 방도를 통달하지 못하면 변화를 말할 수 없다.' 한 것입니다.

또 말하기를 '장수가 인자하지 않으면 삼군이 친애하지 못하고, 장수가 용감하지 않으면 삼군이 정예롭지 못하고, 장수가 지혜롭지 않으면 삼군이 크게 의심하고, 장수가 통달하여 밝지 않으면 삼군이 크게 기울어 의지할 곳이 없고, 장수가 정밀하고 미묘하지 않으면 삼군이 발동할 기회를 놓치고, 장수가 항상 경계하지 않으면 삼군이 그 대비를 잃고, 장수가 강력하지 않으면 삼군이 그 직책을 잃는다.' 한 것입니다.

그러므로 장수는 병사들의 사명司命입니다. 삼군이 장수와 함께 다스려지고 장수와 함께 혼란해지니, 어진 장수를 얻은 군주는 군대가 강하고 나라가 번창하며, 어진 장수를 얻지 못한 군주는 군대가 약하고 나라가 망합니다."

무왕이 말씀하였다.

"좋은 말씀입니다."

제28편 오음五音의 활용〔五音〕

무왕이 태공에게 물었다.

"음률音律의 소리로 삼군의 사기의 소장消長과 승부의 결단을 알
수 있습니까?"

태공이 대답하였다.

"심오합니다. 임금님의 질문이여. 율관律管 열두 개 즉 육률六律
과 육려六呂는 그 요점으로 오음五音이 있는데, 궁宮·상商·각角·치
徵·우羽입니다. 이것은 진정한 소리라서 만대에 바뀌지 않습니다.
오행五行의 신神은 떳떳한 도이니, 금金·목木·수水·화火·토土가 각
기 그 이김을 따라 공격하는 것입니다.

옛날 삼황三皇(복희, 신농, 황제)의 세대에는 허무한 내용으로 굳
세고 강함을 제재하여 문자가 없었고 모두 금·목·수·화·토의 오
행을 따랐습니다. 오행의 도는 천지의 자연이니, 육갑六甲의 나뉨
이요 미묘한 신神입니다. 그 방법은 하늘이 깨끗하고 화창하여 구
름과 바람과 비가 없으면 한밤중에 경무장한 기마병을 내보내서
적의 보루로 가게 하되, 9백 보 밖에서 멈추어 모든 율관을 가지고
서 귀에 대고 크게 고함쳐 적을 놀라게 하는 것입니다.

소리가 율관에 응하여 그 들려오는 소리가 매우 작으면 각角(목)
의 소리가 율관에 응하는 것이니 마땅히 백호白虎(금의 신)로써 이

겨야 하고, 치徵(화)의 소리가 율관에 응하면 마땅히 현무玄武(수의 신)로써 이겨야 하고, 상商(금)의 소리가 율관에 응하면 마땅히 주작朱雀(화의 신)으로써 이겨야 하고, 우羽(수)의 소리가 율관에 응하면 마땅히 구진勾陳(토의 신)으로써 이겨야 하고, 오음의 율관의 소리가 모두 응하지 않는 것은 궁宮(토)이니 마땅히 청룡青龍(목의 신)으로써 이겨야 합니다. 이는 오행의 신표요 승리를 보좌하는 징조이니, 성공하고 실패하는 기틀입니다."

무왕이 말씀하였다.

"좋은 말씀입니다."

태공이 말하였다.

"미묘한 음은 모두 바깥에 징후가 있습니다."

무왕이 물었다.

"어떻게 압니까?"

태공이 대답하였다.

"적이 놀라 움직이면 그 소리를 들을 적에 북채로 북을 치는 소리가 들리는 것은 각이요, 불빛이 보이는 것은 치요, 쇠와 창 소리가 들리는 것은 상이요, 사람이 휘파람 불고 고함치는 소리가 들리는 것은 우요, 적막하여 아무 소리도 들리지 않는 것은 궁이니, 이 다섯 가지는 소리와 색깔의 증거입니다."

제29편   승패勝敗의 징조〔兵徵〕

무왕이 태공에게 물었다.

"내가 싸우기 전에 적의 강하고 약함을 미리 알고, 이기고 지는 징조를 미리 보고자 하니, 어떻게 하면 됩니까?"

태공이 대답하였다.

"이기고 지는 징조는 정신에 먼저 나타납니다. 현명한 장수는 이것을 살피되 그 효험이 사람에게 있으니, 적이 나가고 들어오는 것과 전진하고 후퇴하는 것을 자세히 살피며, 적의 움직이고 고요함과 언어의 요망하고 상서로움과 적군들이 서로 말하는 것을 살핍니다.

무릇 적의 삼군이 서로 기뻐하고 병사들이 법을 두려워하여 적장의 명령을 존경하며, 서로 상대방을 격파하는 것을 기뻐하고 서로 용맹을 말하고 서로 위엄威嚴과 무용武勇을 훌륭하게 여기면, 이는 적이 강한 징조입니다.

적의 삼군이 자주 놀라서 사졸士卒들이 정돈되지 못하며 서로 상대방이 강하다고 말하면서 두려워하고 서로 자신들이 불리하다고 말하며, 보고 들은 것을 서로 전하여 요망한 말이 그치지 않고 온갖 유언비어流言蜚語로 서로 선동하고 미혹시키며, 법령을 두려워하지 않고 장수를 존중하지 않으면, 이는 적이 약한 징조입니다.

적의 삼군이 가지런하고 정돈되어 진영의 형세가 견고하며 해자가 깊고 보루가 높으며, 또 큰 바람과 큰 비의 이로움이 있으며, 삼군이 아무 탈이 없고 깃발이 앞을 가리키고 징 소리와 방울 소리가 드날려 깨끗하고 작은 북과 큰 북의 소리가 완곡하게 울리면, 이는 적이 신명神明의 도움을 얻고 있는 것이니 크게 승리할 징조입니다.

적군의 대오와 진영이 견고하지 못하고 깃발이 혼란하게 서로 이어져 있으며, 큰 바람과 큰 비의 이로움을 거스르고, 장병들이 두려워하여 사기士氣가 끊겨서 이어지지 못하며, 군마軍馬가 놀라 달아나고 전차의 축軸이 부러지며, 징 소리와 방울 소리가 가라앉고 혼탁하며, 작은 북과 큰 북의 소리가 젖어 있어 떨치지 못하면, 이는 적이 대패할 징조입니다.

무릇 적의 성을 공격하고 적의 고을을 포위할 적에, 성의 기색氣色(구름이나 연기의 색깔)이 꺼진 잿빛과 같으면 그 성을 도륙할 수 있고, 성의 기색이 나와서 북쪽으로 흘러가면 그 성을 이길 수 있고, 성의 기색이 나와서 서쪽으로 흘러가면 그 성을 항복시킬 수 있으며, 성의 기색이 나와서 남쪽으로 흘러가면 그 성을 함락시킬 수 없고, 성의 기색이 나와서 동쪽으로 흘러가면 그 성을 공격할 수 없습니다.

성의 기색이 나왔다가 다시 들어가면 성주城主가 패하여 도망하고, 성의 기색이 나와서 우리 군대의 위를 뒤덮으면 우리 군대가 반드시 병들며, 성의 기색이 높이 나와서 그치는 곳이 없으면 전쟁이 장구하게 됩니다.

　무릇 적의 성을 공격하고 적의 고을을 포위할 적에 열흘이 지나도록 천둥이 치지 않고 비가 오지 않으면 반드시 빨리 떠나야 하니, 이 성에는 반드시 훌륭한 사람이 있어 크게 보좌하는 것입니다. 이것이 공격할 만하면 공격하고 공격할 수 없으면 중지해야 함을 아는 것입니다."

　무왕이 말씀하였다.

　"좋은 말씀입니다."

제30편　농기農器와 병기兵器 〔農器〕

무왕이 태공에게 물었다.

"천하가 안정되고 국가에 전쟁이 없으면, 전투하고 공격하는 기구를 수리하지 않아도 되며, 지키고 방어하는 장비를 설치하지 않아도 됩니까?"

태공이 대답하였다.

"싸우고 공격하고 지키고 방어하는 기구가 모두 백성들의 농사일에 다 갖추어져 있으니, 쟁기자루와 보습은 군대의 행마行馬(목책)와 질려蒺藜(쇠마름)입니다.

말과 소와 수레와 수레의 바닥판은 바로 진영과 보루의 울타리와 담과 방패입니다.

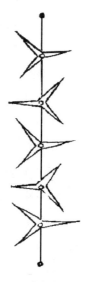

질려疾藜

호미와 쇠스랑의 농기구는 군대의 창과 가지창입니다.

도롱이와 우의雨衣와 우산과 삿갓은 군대의 갑옷과 투구와 방패와 큰 방패입니다.

농가의 큰 호미와 삽과 도끼와 톱과 절굿공이는 군대에서 적의 성을 공격하는 기구입니다.

농부가 소와 말에 싣는 것은 군량을 수송하는 것이요, 닭이 새

벽에 울고 개가 경계하여 지키는 것은 적을 살피고 엿보는 것이요, 부인이 베를 짜고 실끈을 짜는 것은 깃발을 만드는 것이요, 농부가 흙을 평평하게 고르는 것은 적의 성을 공격하는 것입니다.

농부가 봄에 풀과 가시나무를 제거하는 것은 전차戰車와 기마병騎馬兵으로 싸우는 것이요, 여름에 밭두둑을 김매는 것은 보병步兵으로 싸우는 것이요, 가을에 벼와 땔나무를 베는 것은 군량을 미리 대비하는 것이요, 겨울에 창고를 충실하게 하는 것은 바로 군대에서 굳게 지키는 것입니다.

전리田里의 사이에 농부들이 서로 오伍가 되는 것은 바로 병가兵家의 약속과 신표요, 마을에 관리가 있고 관청에 장長이 있는 것은 바로 군대에 장수가 있는 것이요, 마을에 둘러친 담이 있어서 서로 지나가지 못하게 하는 것은 바로 군대를 나누는 것이요, 농부들이 곡식을 수송하고 꼴을 채취하는 것은 바로 군대의 창고를 갖추는 것이요, 농부들이 봄과 가을에 성곽을 다스리고 도랑과 개천을 수리하는 것은 바로 군대의 참호와 보루를 갖추는 것입니다.

그러므로 용병의 기구는 백성들의 농사일에 이미 다 갖추어져 있으니, 나라를 잘 다스리는 자는 백성들의 농사에서 취합니다. 그러므로 반드시 백성들로 하여금 가축을 잘 기르고 농지를 개간하고 거처하는 곳을 마련하게 하며, 장부丈夫가 밭을 다스림에 정해진 이랑의 수가 있고, 부인이 베 짜고 실끈을 짬에 정해진 길이가 있는 것이니, 이는 나라를 부유하게 하고 군대를 강하게 하는 방법입니다."

무왕이 말씀하였다.

"좋은 말씀입니다."

IV. 호도 虎韜

범[虎]은 백수百獸의 왕으로, 위엄威嚴과 용맹勇猛이 뛰어나다 하여 편명으로 삼은 것이다. 이 편에는 군대의 병기兵器와 장비裝備, 진법陣法과 작전作戰 요령 등에 관한 내용이 언급되어 있다.

《육도》를 크게 나누어볼 때, 〈문도文韜〉·〈무도武韜〉·〈용도龍韜〉의 전반부 3편은 주로 전략戰略에 대하여 논한 반면, 〈호도虎韜〉·〈표도豹韜〉·〈견도犬韜〉의 후반부 3편은 주로 전술戰術의 구체적인 방법을 논한 것이 특징이다. 다만 전투에 사용하는 각종 장비의 명칭은 자세히 알 수 없다.

제31편 군대의 장비 〔軍用〕

무왕이 태공에게 물었다.

"왕이 군대를 출동함에 삼군三軍이 사용하는 기구와 공격하고 수비하는 도구의 종류와 등급이 많고 적음에 어찌 법도가 있지 않겠습니까?"

태공이 대답하였다.

"훌륭하십니다. 임금님의 질문이여. 공격하고 수비하는 도구는 각각 종류와 등급이 있으니, 이것은 군대의 큰 위엄威嚴입니다."

무왕이 말씀하였다.

"듣기를 원합니다."

태공이 대답하였다.

"무릇 용병하는 장비의 대체적인 숫자는, 갑옷 입은 병사 1만 명을 동원하게 되면 장비를 운용하는 법에 무위대부서武衛大扶胥라 는 대전차大戰車 36대를 사용하니, 강한 쇠뇌와 창과 갈래진 창을 휴대한 병사로서 재주가 뛰어난 자를 우익羽翼으로 삼고, 수레 1대 를 24명이 밀되 8척의 수레바퀴를 사용하며, 수레 위에 깃발과 북 을 세웁니다. 병법兵法에서 이것을 일러 '진해震駭'라 하니, 이를 사 용하여 적의 견고한 진영을 함락시키고 강한 적을 패퇴시킵니다.

무익대로모극부서武翼大櫓矛戟扶胥라는 중전차中戰車가 72대이니, 강한 쇠뇌와 세모진 창 과 갈래진 창을 잡은 재 주가 뛰어난 병사를 우 익으로 삼고, 5척의 수레 바퀴를 사용하되 무거운 것을 드는 교거絞車와 연 발쇠뇌를 따르게 하니, 적 의 견고한 진영을 무찌 르고 강한 적을 패퇴시 키는 장비입니다.

제익소로부서提翼小櫓

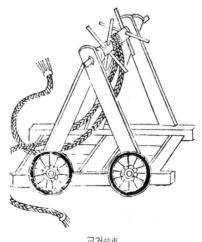

교거絞車

扶胥라는 소전차小戰車가 146대이니, 교거와 연발쇠뇌를 따르게 하고 작은 녹거鹿車 바퀴를 사용하니, 적의 견고한 진영을 무찌르고 강한 적을 패퇴시키는 장비입니다.

대황참련노대부서大黃參連弩大扶胥라는 대전차가 36대이니, 강한 쇠뇌와 갈고리창과 갈래진 창을 잡은 병사로서 재주가 뛰어난 자를 우익으로 삼고 비부飛鳧와 전영電影을 장착하여 따르게 하니, 비부는 붉은 줄기에 흰 깃털을 사용하는데 구리로 머리 부분을 만들고, 전영은 푸른 줄기에 붉은 깃털을 사용하는데 쇠로 머리 부분을 만듭니다. 대낮에는 길이 6척, 넓이 6촌의 붉은 비단으로 광요光耀라는 물체를 만들고, 밤에는 길이 6척, 넓이 6촌의 흰 비단으로 유성流星이라는 물체를 만드니, 이것을 사용하여 적의 견고한 진영을 무찌르고 보병과 기마병을 패퇴시키는 것입니다.

옆에서 충돌하여 성을 공격하는 대부서충거大扶胥衝車가 36대이니, 당랑螳螂(사마귀)과 같이 용감한 무사를 함께 태워 종횡으로 공격해서 강한 적을 패퇴시키는 장비입니다.

치거기구輜車騎寇는 일명 전차電車라고 하는데 병법에 이것을 일러 '전격電擊'이라고 하니, 적의 견고한 진영을 무찌르고 보병과 기마병을 패퇴시키는 장비입니다.

적이 밤중에 우리 진영의 앞으로 쳐들어올 적에 모극부서경거矛戟扶胥輕車 160대를 사용하니, 수레 1대마다 당랑과 같이 용감한 무사 3명을 함께 태웁니다. 병법에 이것을 일러 '정격霆擊'이라 하니, 적의 견고한 진영을 무찌르고 보병과 기마병을 패퇴시키는 장비입니다.

머리 부분이 네모진 방수철봉유분方首鐵棒維吩은 무게가 12근이고, 자루의 길이가 5척 이상인 것이 1,200개이니, 일명 천봉天棒이라 하며, 대가부大柯斧는 날의 길이가 8촌, 무게가 8근이고, 자루의 길이가 5척 이상인 것 1,200개를 사용하니 일명 천월天鉞이라 하며, 방수철퇴方首鐵槌는 무게가 8근이고 자루의 길이가 5촌 이상인 것이 1,200개로 일명 천퇴天槌라 하니, 적의 많은 보병과 기마병을 패퇴시키는 장비입니다.

비구飛鉤는 길이가 8촌인데, 갈고리 날의 길이가 4촌이고 자루의 길이가 6척 이상인 것 1,200개를 사용하니, 적군의 병사들에게 투척하는 장비입니다.

삼군이 적과 대치하여 수비할 적에는, 넓이가 2장丈인 목당랑검인부서木螳螂劍刀扶胥 120개를 사용하니, 이것을 일러 행마行馬(사람과 말 등의 통행을 제한하기 위하여 문에 설치한 나무 구조물)라 합니다.

평탄한 지역에서 보병으로 적의 전차와 기마병 부대를 패퇴시킬 적에는, 땅 위에서 높이 2척 5촌인 목질려木蒺藜 120개를 사용합니다.

비구飛鉤

적의 보병과 기마병을 패퇴시키고 궁지에 몰린 적을 요격하며 패주하는 적을 차단할 적에는, 축선단충모극부서軸旋短衝矛戟扶胥

120대를 사용하니, 황제黃帝가 이것으로 치우씨蚩尤氏를 패퇴시켰습니다.

적의 보병과 기마병을 패퇴시키고 궁지에 몰린 적을 요격하며 패주하는 적을 차단할 적에는, 협소한 길과 좁은 오솔길에 철질려鐵蒺藜를 깔아놓으니, 촉의 높이가 4촌, 넓이가 8촌, 길이가 6척 이상인 1,200개를 사용합니다.

패주하는 적의 기마병이 어두울 적에 우리의 진영 앞으로 충돌해 와서 도전하여 시퍼런 칼날로 접전할 적에는, 그물인 지라地羅를 설치하고 촉이 두 개인 질려蒺藜와 참련직녀參連織女를 펼쳐놓되, 촉과 칼날 사이가 서로 2척이 떨어진 것 1만 2천 개를 사용합니다.

넓은 들판과 풀숲에서는, 가슴 부분이 네모진 짧은 창인 방흉정모方胸鋌矛 1,200개를 사용합니다. 짧은 창을 펼쳐놓을 때에는 높이를 1척 5촌으로 해야 하니, 적의 보병과 기마병을 패퇴시키고 궁지에 몰린 적을 요격하고 패하여 도망하는 적을 차단하는 데에 사용하는 것입니다.

협소한 길과 작은 오솔길과 땅이 안으로 푹 파인 곳에서는 쇠사슬 셋을 연결한 것 120개를 사용하니, 적의 보병과 기마병을 패퇴시키고 궁지에 몰린 적을 요격하고 패주하는 적을 차단하는 데에 사용하는 것입니다.

보루의 문을 막고 지킬 때에는 갈고리창과 갈래진 창과 작은 방패를 장착한 수레인 모극소로矛戟小櫓 12대가 필요하니 교거와 연

발쇠뇌를 뒤따르게 합니다. 삼군이 막고 지킬 때에는 철사로 만든 그물망인 천라天羅와 대나무 울타리인 호락虎落을 쇠사슬로 연결시킨 것 한 벌로 넓이가 1장 5척이고 높이가 8척인 것 120개가 필요하며, 호락검인부서虎落劍刃扶胥는 넓이가 1장 5척이고 높이가 8척인 것이 510대가 필요합니다.

도구참비교渡溝塹飛橋는 1칸에 너비가 1장 5척이고 길이가 2장 이상이니, 회전하는 녹로轆轤(도르래) 8개를 고리와 연결한 쇠사슬로 설치합니다.

도대수비강渡大水飛江(큰 물을 건너갈 때 사용하는 부교浮橋의 일종)은 너비가 1장 5척이고 길이가 2장 이상인 것

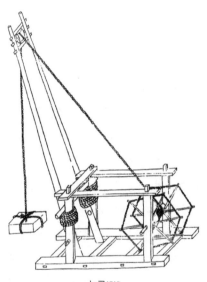

녹로轆轤

8개가 필요하니, 고리를 연결한 쇠사슬로 설치합니다. 천부철당랑天浮鐵螳螂(하늘 높이 세워 비강飛江을 설치할 때 사용하는 철 구조물)은 안이 네모지고 밖이 둥글며 지름이 4척 이상이고 둥근 고리가 달린 것이 32대입니다. 천부天浮로써 비강飛江을 설치하여 큰 물을 건너는 것을 천황天潢이라 하니, 일명 천선天船이라고도 합니다.

산림이나 평야에 진을 칠 적에는 호락과 시영柴營(방어를 위해 진영 외부에 설치한 울타리)을 만드는데, 고리를 연결한 쇠사슬은 길이가 2장 이상인 것이 1,200개이고, 고리를 연결한 큰 쇠사슬은 굵기 4촌에 길이 4장 이상인 것이 600개이고, 고리를 연결한 중간정도의 쇠사슬은 굵기 2촌에 길이 4장 이상인 것이 200개이고, 고리를 연결한 작고 가느다란 끈은 길이 2장 이상인 것이 1만 2천개입니다.

비를 막는 천우天雨는 짐수레의 상판에 덮되, 결천서어結泉鉏鋙를 설치하고, 너비 4척에 길이 4장 이상의 수레에 하나를 갖추니, 이는 쇠말뚝을 사용해서 설치합니다.

나무를 베는 천부天斧는 무게가 8근이고 자루의 길이가 3척 이상인 것이 300개이고, 큰 괭이는 날의 넓이가 6촌이고 자루의 길이가 5척 이상인 것이 300개이고, 동축고위수銅築固爲垂는 길이가 3척 이상인 것이 300개입니다.

매발톱 모양의 네모난 쇠고무래인 응조방흉철파鷹爪方胸鐵把는 자루의 길이가 7척 이상인 것이 300개이고, 네모난 쇠도리깨인 방흉철차方胸鐵叉는 자루의 길이가 7척 이상인 것이 300개이고, 네모난 두 갈래 쇠도리깨인 방흉양지철차方胸兩枝鐵叉는 자루의 길이가 7척 이상인 것이 300개이고, 풀과 나무를 베는 큰 낫은 자루의 길이가 7척 이상인 것이 300개이고, 자루가 긴 칼인 대로인大櫓刀은 무게가 8근이고 자루의 길이가 6척 이상인 것이 300개이고, 고리가 달린 쇠말뚝은 길이가 3척 이상인 것이 300개이고, 말뚝을 박는 큰 망치는 무게가 5근이고 자루의 길이가 2척 이상인 것이 120개입니다.

갑옷을 입은 병사 1만 명에 강한 쇠뇌를 지닌 병사가 6,000명이고, 갈래진 창과 큰 방패를 잡은 병사가 2,000명이고, 갈고리창과 큰 방패를 잡은 병사가 2,000명이며, 공격하는 기구를 수리하고 병기를 숫돌에 가는 정교한 기술자가 300명이니, 이는 군대를 동원하는 대략적인 숫자입니다."

무왕이 말씀하였다.

"그 말씀이 옳습니다."

제32편 세 가지 진법陣法〔三陳〕

무왕이 태공에게 물었다.

"군대를 출동할 적에 천진天陣과 지진地陣과 인진人陣을 만드는 것은 어떻게 해야 합니까?"

태공이 대답하였다.

"해와 달과 별과 북두성北斗星 자루가 한 번 왼쪽으로 가고 한 번 오른쪽으로 가며 한 번 향하고 한 번 등지는 것을 따르니, 이것을 일러 '천진'이라 합니다."

산과 구릉은 오른쪽과 등 뒤에 두고 못과 물은 왼쪽과 앞에 두어 그 편리함을 취하니, 이것을 일러 '지진'이라 합니다.

전차를 사용하고 기마를 사용하며 문文을 사용하여 사람들이 따르게 하고 무武를 사용하여 적이 두려워하게 하니, 이것을 '인진'이라 합니다."

무왕이 말씀하였다.

"좋은 말씀입니다."

제33편 신속한 전투 〔疾戰〕

무왕이 태공에게 물었다.

"적이 우리의 삼군을 포위하여 앞뒤를 차단하고 군량 수송로를 끊으면 어찌해야 합니까?"

태공이 대답하였다.

"이것은 천하의 곤궁한 군대입니다. 신속히 출동하면 승리하고 서서히 출동하면 패하니, 이와 같은 경우에는 사무충진四武衝陣(무사武士를 가지고 네 진陣을 만들어서 힘을 합해 충돌하여 공격함)을 만들어서 무장한 전차와 날랜 기마병으로 적군을 놀라게 하여 어지럽히고서 신속히 공격하면, 아군이 자유자재로 횡행할 수 있습니다."

무왕이 물었다.

"만약 포위된 지역을 탈출하고서 인하여 승리하고자 하면 어찌해야 합니까?"

태공이 대답하였다.

"왼쪽 군대는 신속히 왼쪽으로 가고 오른쪽 군대는 신속히 오른쪽으로 가서 적과 길을 다투지 말고, 중군中軍이 번갈아 전진하고 번갈아 후퇴하면 적의 병력이 비록 많더라도 적장을 패주시킬 수 있습니다."

제34편 탈출의 방법 〔必出〕

무왕이 태공에게 물었다.

"군대를 이끌고 제후의 땅에 깊숙이 쳐들어갔는데, 적이 사방으로 모여 우리를 포위해서 우리의 돌아갈 길을 끊고 군량 수송로를 차단하며, 적은 병력이 많고 양식이 풍족하고 또 지형이 험고險固할 경우, 우리가 반드시 탈출하고자 하면 어찌해야 합니까?"

태공이 대답하였다.

"반드시 탈출하는 방도는 병기가 보배이고 용감하게 싸우는 것이 첫째이니, 적의 사람이 살지 않는 지역과 수비하지 않는 지역을 자세히 알면 반드시 탈출할 수 있습니다.

병사들로 하여금 검정색 깃발과 병기를 잡고 입에 재갈을 물고서 밤중에 출동하게 하되, 용맹하여 힘이 세고 발이 빨라 적진을 무찌르고 적장을 잡을 수 있는 병사는 선두에 있으면서 보루를 설치할 지역을 평평하게 골라 후미 부대를 위해 길을 열어주고, 강한 쇠뇌를 가진 재능이 뛰어난 병사들은 복병이 되어 뒤에 있으며, 병사 중에 노약자와 전차 부대와 기마병 부대는 중간 지점에 있게 하여, 진영의 포진이 끝나면 천천히 행군하여 되도록 적이 놀라지 않게 하며, 무충부서武衝扶胥(충거)를 가지고 앞뒤에서 적을 막아 지키고 무익대로武翼大櫓(창을 장착한 부서扶胥)로 왼쪽과 오른쪽을 가리게 합니다.

적이 만약 놀라 소요하면, 우리의 용감하고 힘이 세어 적진을 무찌르고 적장을 공격할 수 있는 병사들은 급히 적을 공격하면서 전진하고, 약한 병사와 전차 부대와 기마병 부대는 그 뒤를 이으며, 재능이 뛰어난 병사들은 강한 쇠뇌를 갖고 매복해서 적이 우리를 추격하는가를 자세히 살펴 적의 후미를 신속히 공격하게 합니다. 이때 횃불과 북을 많이 설치하여 우리 군대가 마치 땅에서 솟아나온 듯 하늘에서 내려온 듯하게 하여 삼군이 용감하게 싸우면, 적이 우리를 막아내지 못할 것입니다."

무왕이 물었다.

"앞에 큰 물과 넓은 참호와 깊은 구덩이가 있어서, 우리가 넘고 건너가려 하나 준비된 배와 노가 없고, 적이 보루에 주둔하고 있어서 우리 군대의 앞을 가로막아 우리가 돌아갈 길을 차단하고 적의 척후병이 항상 경계하여 험한 요새를 모두 지키며, 적의 전차와 기마병은 우리의 앞을 막아 공격하고 적의 용감한 병사들은 우리의 뒤를 습격하면 어찌해야 합니까?"

태공이 대답하였다.

"큰 물과 넓은 참호와 깊은 구덩이는 적이 지키지 않는 곳이요, 혹 지키더라도 그 병력이 반드시 적을 것이니, 이와 같은 경우에는 회전이 자유로운 비강飛江이나 녹로轆轤가 달린 전관轉關과 천황天潢을 가지고 우리 군대를 건너게 하고, 용감하고 힘이 세며 재능이 뛰어난 병사들은 장군의 지시를 따라 전진해서 적과 충돌하고 적진을 차단해서, 모두 사력死力을 바쳐 싸우게 하여야 합니다.

먼저 우리의 화물을 실은 수레를 불태우고 우리의 군량을 불태우고는 관리와 병사들에게 분명하게 고告하기를 '용감하게 싸우면 살고 용감하게 싸우지 않으면 죽는다.'라고 합니다.

이미 출동하였으면 우리의 후속 부대로 하여금 횃불을 진열하고 척후병을 멀리 파견하되 반드시 초목이 우거진 곳과 무덤과 험한 곳에 의지하게 하면, 적의 전차 부대와 기마병 부대가 반드시 감히 멀리 추격하고 길게 몰고 오지 못할 것이니, 인하여 횃불로 신호하여 먼저 출동한 자들로 하여금 횃불이 있는 곳에서 멈추어 사무충진四武衝陣을 만들게 해야 합니다. 이와 같이 하면 우리 삼군이 모두 정예롭고 용감하게 싸워서 적이 우리를 저지하지 못할 것입니다."

무왕이 말씀하였다.

"좋은 말씀입니다."

제35편 군대의 전략 〔軍略〕

무왕이 태공에게 물었다.

"군대를 이끌고 제후의 땅에 깊숙이 쳐들어갔다가 깊은 시내와 큰 골짝과 험한 물을 만나 우리의 삼군이 다 건너지 못하였는데, 갑자기 폭우가 내려서 물이 크게 불어나 후미 부대가 선두 부대와 연결되지 못하고, 미리 대비한 배와 교량이 없으며, 또 식수食水와 말을 먹일 꼴과 같은 물자가 없을 경우, 우리가 모두 물을 건너가서 삼군이 지체하지 않게 하려면 어찌해야 합니까?"

태공이 대답하였다.

"무릇 병사를 거느리고 군대를 통솔할 적에, 계책을 먼저 세우지 않고 장비를 미리 갖추지 않으며 정밀하게 가르치지 않고 병사들이 훈련되어 있지 않으면, 이와 같은 경우는 왕자王者의 군대라 할 수 없습니다.

분온轒轀

운제雲梯

무릇 삼군은 전쟁이 있을 적에는 장비를 익숙하게 사용하지 못하는 자가 없어야 합니다. 만약 적의 성을 공격하고 적의 고을을 포위할 경우에는 장갑차인 분온轒轀과 위에서 아래를 내려다볼 수 있는 임거臨車와 적의 성을 측면에서 충돌하는 충거衝車가 필요하고, 적의 성 안을 굽어볼 적에는 운제雲梯와 비루飛樓가 필요하고, 삼군이 출동하고 멈출 적에는 무충武衝이라는 전차와 큰 방패를 사용하여 앞뒤에서 적을 막고 지키며, 적의 길을 끊고 시가지를 차단할 경우에는 강한 쇠뇌를 가진 용감한 병사가 양옆을 호위하며, 진영과 보루를 설치할 적에는 철사로 만든 그물망과 대나무 가지로 얽은 울타리, 목책과 마름쇠가 있어야 합니다.

낮에는 운제에 올라가 멀리 바라보되 오색五色의 깃발을 세우고, 밤에는 횃불 1만 개를 사용하며 뇌고雷鼓를 치고 작은 북과 방울을 울리면서 명가鳴笳라는 피리를 붑니다.

도랑과 참호를 넘어갈 경우에는 비교飛橋와 회전하는 녹로轆轤와

서어鉏鋙가 있어야 하고, 큰 물을 건너갈 경우에는 천황天潢과 비강
飛江이 있어야 하고, 물결을 거슬러 상류로 올라갈 경우에는 부해
浮海와 절강絶江과 같은 선박이 있어야 하니, 삼군이 사용하는 기구
가 구비되면 장수가 무엇을 근심하겠습니까?"

제36편 국경에서의 대치 〔臨境〕

무왕이 태공에게 물었다.

"우리가 국경國境에서 적과 서로 대치해서 적이 올 수도 있고 우리가 갈 수도 있으며, 두 진영이 모두 견고하여 감히 먼저 출동할 수가 없을 경우, 우리가 가서 습격襲擊하고자 하면 저들 또한 와서 습격할 수 있을 것이니, 어찌해야 합니까?"

태공이 대답하였다.

"군대를 세 곳으로 나누어야 합니다. 우선, 우리의 선두 부대로 하여금 해자를 깊이 파고 보루를 증축한 다음 나가 싸우지 않고 깃발을 진열하고 작은 북과 큰 북을 쳐서 수비를 완전하게 하며, 후미 부대로 하여금 군량을 많이 저축하여 적이 우리의 의도를 알지 못하게 하며, 정예병을 출동시켜 은밀히 적의 중앙을 습격해서 적이 예상하지 않은 곳을 공격하고 적의 대비가 없는 곳을 공격하여 적이 우리의 실정實情을 알지 못하게 하면, 저들이 멈추고서 공격하러 오지 못할 것입니다."

무왕이 물었다.

"적이 우리의 실정을 알고 우리의 기밀機密을 통달하고 있어, 우리가 출동하면 우리의 사정을 알아 정예병들을 깊은 숲속에 매복시키고 좁은 길을 요격하여 우리의 편리한 곳을 공격하면 어찌해야 합니까?"

태공이 대답하였다.

"우리의 선두 부대로 하여금 날마다 나가 도전하게 하여 적의 마음을 피로하게 합니다. 우리의 노약자들에게는 나뭇단을 끌고 달리면서 먼지를 날리며 북을 치고 함성을 지르면서 왕래하게 하는데, 적과의 거리를 백 보 이내로 유지하면서 왼쪽이나 오른쪽으로 나가게 합니다.

이렇게 하면 적장敵將은 피로하고 적병敵兵들은 놀라서 감히 진격해 오지 못할 것이니, 이때 우리의 병사들이 멈추지 않고 전진하여 혹은 적의 내부를 습격하고 혹은 적의 외부를 공격하면서 삼군이 급히 싸우면, 적이 반드시 패주할 것입니다."

제37편   적의 동정動靜과 매복埋伏 〔動靜〕

무왕이 태공에게 물었다.

"군대를 이끌고 제후의 땅에 깊숙이 쳐들어가서 적군과 대치對
峙하여 두 진영이 서로 바라보고 있는데, 병력의 많고 적음과 강하
고 약함이 서로 비슷하여 감히 먼저 출동하지 못할 경우, 우리가
적의 장수를 두려워 떨게 하고 적의 병사들을 서글프게 해서, 적
의 진영이 견고하지 못하게 하여 후미 부대는 도망하려 하고 선두
부대는 진영을 자주 돌아보게 만든 다음, 우리가 북을 치고 함성
을 지르면서 기회를 틈타 마침내 적을 패주敗走시키려면 어찌해야
합니까?"

태공이 대답하였다.

"이와 같은 경우에는 우리 군대를 출동시키되, 적과 십 리쯤 떨
어지게 하여 적진의 양 곁에 군대를 매복시키고, 전차 부대와 기
마병 부대도 십 리쯤 떨어진 곳에 앞뒤로 배치합니다. 깃발을 많
이 꽂아놓고 징과 북을 많이 진열하였다가 교전交戰할 적에 북을
치고 함성을 지르며 함께 일어나면, 적장은 반드시 두려워하고 적
군은 놀라서, 병력이 많은 부대와 적은 부대가 서로 구원하지 못
하고 신분이 높은 자와 낮은 자가 서로 기다리지 못하여, 반드시
패주할 것입니다."

무왕이 물었다.

"적의 지형地形이 양쪽에 군대를 매복시킬 수가 없고 전차 부대와 기마병 부대가 또 그 앞뒤를 넘어갈 수 없으며, 적이 우리의 계책을 알고 있어서 미리 대비하면, 우리의 병사들이 마음속으로 염려하고 장수들이 두려워하여 싸우면 승리하지 못할 것이니, 어찌해야 합니까?"

태공이 대답하였다.

"참으로 진실하십니다. 임금님의 질문이시여. 이와 같은 경우에는 전투하기 5일 전에 우리의 척후병斥候兵을 멀리 보내서 적의 동정을 살펴 적이 오는 길과 시간을 자세히 정탐하고서 매복을 설치하여 기다리되, 반드시 사지死地에서 적과 서로 만나게 합니다. 이때, 우리의 깃발을 멀리 진열하고 우리의 진영을 듬성하게 배치하되, 반드시 적진의 앞으로 달려가서 적과 서로 마주치게 합니다. 교전하면 거짓으로 도망하고 징을 치면 즉시 멈춰서 3리쯤 갔다가 되돌아오면, 복병伏兵이 비로소 일어나 적의 양 곁을 무찌르거나 적의 앞뒤를 공격하면서 삼군이 급히 싸우면, 적이 반드시 패주할 것입니다."

무왕이 말씀하였다.

"좋은 말씀입니다."

제38편 전진前進과 후퇴後退의 명령〔金鼓〕

무왕이 태공에게 물었다.

"군대를 이끌고 제후의 땅에 깊숙이 쳐들어가서 적과 서로 대치하였는데, 날씨가 몹시 춥거나 더우며, 밤낮으로 내리는 장맛비가 열흘이나 지속됩니다. 이에 해자와 보루가 모두 무너지고 좁은 요새要塞를 확보하여 지키지 못하며, 척후병斥候兵들이 지쳐서 나태해지고 병사들이 지쳐서 제대로 경계하지 못하여, 적이 야음夜陰을 틈타 쳐들어올 적에 우리의 삼군이 대비가 없어서 장병들이 의혹하고 소란스러우면 어찌해야 합니까?"

태공이 대답하였다.

"무릇 삼군은 경계를 잘하면 견고해지고 나태하면 패합니다. 우리의 보루 위에서 수하誰何하는 소리가 끊이지 않게 하고, 사람마다 깃발을 잡고 안과 밖이 서로 이어지게 해서 호령號令으로 서로 명하여 호령 소리가 끊이지 않게 하고 병사들이 모두 밖을 향하게 하며, 3천 명을 한 진영으로 만들어서 경계하고 약속하여 각각 제자리를 신중히 지키게 합니다. 이렇게 하면, 적이 만약 오더라도 우리 군대의 경계 태세가 확고함을 보고는 반드시 돌아갈 것이니, 적의 기운이 다하고 사기가 해이해지면 우리의 정예병精銳兵을 출동시켜 뒤따라가 공격해야 합니다."

무왕이 물었다.

"적이 우리의 실정을 알고 뒤에 정예병을 매복시키고 거짓으로 계속 패주하다가, 우리가 저들의 복병이 있는 곳에 이르면 반격하여 혹은 우리의 선두 부대를 공격하고 혹은 우리의 후미 부대를 공격하고 혹은 우리의 진영을 압박하면, 우리의 삼군이 크게 두려워하고 소란하여 머물 곳을 잃어서 주둔해 있는 곳을 이탈하게 될 것이니, 이럴 경우 어찌해야 합니까?"

태공이 대답하였다.

"군대를 세 부대로 나누어 뒤따라 추격하되, 적이 매복해 있는 곳을 넘어가지 말고 세 부대가 함께 이르러서 혹은 적의 앞뒤를 공격하고 혹은 적의 좌우 양 곁을 무찌르며, 우리의 호령을 분명히 하고 급히 공격하면서 전진하면, 적이 반드시 패주할 것입니다."

제39편　군량수송로軍糧輸送路의 단절〔絕道〕

무왕이 태공에게 물었다.

"군대를 이끌고 제후의 땅에 깊숙이 쳐들어가서 적과 서로 대치해 있을 적에, 적이 우리의 군량수송로를 끊고 또 우리 진영의 앞뒤를 넘어가서, 우리가 전투하고자 하면 이길 수 없고 수비하고자 하면 오래 버틸 수 없을 경우, 어찌해야 합니까?"

태공이 대답하였다.

"무릇 적의 국경國境에 깊숙이 쳐들어갈 적에는, 반드시 적지敵地의 지형地形을 잘 살펴 되도록 편리한 곳을 점령해야 합니다. 산림과 험한 곳과 수택水澤과 숲이 있는 곳에 의지하여 진영을 견고하게 하고서, 관문關門과 교량橋梁을 철저히 지키고 또 성읍城邑과 분묘墳墓 등 지형이 편리한 곳을 알아야 합니다. 이와 같이 하면 우리 군영이 견고해져서, 적이 우리의 군량수송로를 차단하지 못하고 또 우리 진영의 앞뒤로 넘어오지 못할 것입니다."

무왕이 물었다.

"우리 삼군이 큰 숲과 넓은 늪과 평탄한 지역을 통과할 적에, 우리의 척후병이 정찰을 잘못하여 갑자기 적과 맞닥뜨려 전투하면 승리하지 못하고 수비하면 견고하지 못한 상황에서 적이 우리 진영의 양 곁을 충돌하고 우리 진영의 앞뒤로 넘어와서 삼군이 크게 두려워하면, 어찌해야 합니까?"

태공이 대답하였다.

"무릇 군대를 통솔하는 방법은, 항상 먼저 척후병을 멀리 출동시키되, 적진에서 200리쯤 떨어지게 하여 적이 있는 곳을 자세히 살펴서 지형이 불리하면 무충부서로 보루를 만들고 전진해야 합니다. 또 두 종군踵軍(후미를 수습하는 부대)을 뒤에 배치하되, 멀리 있는 자는 100리 앞에 있게 하고 가까이 있는 자는 50리 앞에 있게 하여, 만일 위급한 경보가 있을 경우 선두와 후미가 서로 알려주게 하면, 우리 삼군이 항상 견고하고 완전하여 반드시 손상되지 않을 것입니다."

무왕이 말씀하였다.

"좋은 말씀입니다."

제40편 적지敵地의 공략〔略地〕

무왕이 태공에게 물었다.

"싸워서 승리하고 적지에 깊숙이 쳐들어가서 적의 땅을 공략하였으나 적에게 큰 성이 있어서 함락할 수 없고, 적의 별동 부대가 험고한 곳을 지키면서 우리와 대치하여 우리가 적의 성을 공격하고 적의 고을을 포위하고자 하나, 적의 별동 부대가 갑자기 몰려와 우리를 압박하고 성 내부의 병력과 지원부대가 서로 힘을 합쳐 우리의 외부와 내부를 공격해서 삼군이 크게 혼란하고 장병들이 두려워하고 놀라면 어찌해야 합니까?"

태공이 대답하였다.

"무릇 적의 성을 공격하고 적의 고을을 포위할 적에는, 전차 부대와 기마병 부대가 반드시 멀리 나가 주둔해서 호위하고 경계하여 적의 안팎을 가로막아야 합니다. 그리하여 성 안에 있는 적군의 군량이 끊기더라도 외부에서 수송하지 못하게 하면, 성 안에 있는 적군이 두려워하여 적장이 반드시 항복할 것입니다."

무왕이 물었다.

"성 안에 있는 적군이 군량이 끊기고 외부에서 수송할 수도 없으면, 서로 은밀히 약속하고 모의해서 밤에 결사대決死隊를 출동시켜 결사적으로 싸우며, 전차와 기마병의 정예부대가 혹 우리의 내부를 충돌하고 혹 우리의 외부를 공격할 것입니다. 그렇다면 우리의 병사들이 미혹하고 삼군이 혼란하여 패주할 것이니, 어찌해야 합니까?"

태공이 대답하였다.

"이와 같은 경우에는 마땅히 군대를 세 부대로 나누어 지형지물地形地物을 자세히 살펴 군대를 주둔시키되, 적의 별동 부대가 있는 곳을 정탐하여 알고 주위에 있는 큰 성과 별도로 있는 보루에 우리의 수비가 허술하고 결함이 있는 길을 만들어놓아서 적이 이곳으로 탈출하도록 유인하고는 놓치지 않도록 철저히 대비해야 합니다. 이렇게 하면 적이 두려워하여 산속으로 들어가거나 큰 고을로 돌아갈 것이니, 적의 별동 부대를 패주시킨 다음 우리의 전차 부대와 기마병 부대가 적의 앞을 멀리 가로막아서 한 사람도 빠져나가지 못하게 하여야 합니다.

이렇게 하면, 성 안에 있는 적군은 먼저 탈출한 자가 지름길을 찾아 잘 빠져나갔다고 생각해서, 훈련이 잘되고 재능이 있는 적군은 반드시 성을 빠져나가고 노약자만 성 안에 남아 있을 것이니, 이때 우리의 전차 부대와 기마병 부대가 깊숙이 쳐들어가 승승장구하면, 적군이 반드시 감히 몰려오지 못할 것입니다. 부디 적과 싸우려 하지 말고, 적의 군량 수송로를 차단하여 포위하고 지키면, 반드시 오래 버티면서 지구전持久戰을 할 수 있을 것입니다.

적이 쌓아놓은 물건을 불태우지 말고 적의 집을 훼손하지 말고 무덤의 나무와 신사神祠의 숲을 베지 말며, 항복한 자를 죽이지 말고 잡더라도 욕을 보이지 말아야 합니다. 인의仁義를 보이고 많은 덕德을 베풀어서 적의 병사와 백성들로 하여금 '잘못이 우리 임금 한 사람에게 있다.'라고 말하게 하여야 하니, 이와 같이 되면 천하가 화목和睦하고 복종服從할 것입니다."

무왕이 말씀하였다.

"좋은 말씀입니다."

제41편　화공전술火攻戰術〔火戰〕

　무왕이 태공에게 물었다.

　"군대를 이끌고 제후의 땅에 깊숙이 쳐들어가서 풀이 무성하게 우거져 있는 곳 한가운데에서 수백 리를 행군行軍하느라 지친 삼군의 병사들과 말이 모두 휴식하고 있는데, 적이 날씨가 건조하고 바람이 맹렬한 이점을 이용해서 우리의 진영을 불태우고, 적의 전차·병마·기마병의 정예 부대가 우리의 후미에 굳게 매복해 있으면, 우리 삼군이 두려워하여 어지러이 흩어져 패주할 것이니, 어찌해야 합니까?"

　태공이 대답하였다.

　"이와 같은 경우에는 운제雲梯와 비루飛樓를 가지고 좌우를 멀리 관망하고 앞뒤를 철저히 정찰해서, 불이 일어나는 것을 보면 즉시 우리 진영의 앞을 태워 불길이 멀리 뻗어나가게 하고 또 우리 진영의 뒤를 불태우면, 적이 오더라도 즉시 군대를 이끌고 퇴각할 것입니다.

　우리가 불태워 검은 땅을 차지하고 굳게 주둔해 있으면 적이 쳐들어오더라도 우리의 뒤에 불이 일어나는 것을 보고 반드시 멀리 도망할 것입니다. 우리가 불탄 자리를 차지하고서 굳게 주둔하고, 강한 쇠뇌를 발사하는 용감한 병사들이 우리 진영의 좌우를 호위

각종 화공火攻 방법(화금火禽·화수火獸·화병火兵·화선火舡)

하고 또 우리 진영의 앞뒤를 불태우면, 적이 우리를 해치지 못할
것입니다."

무왕이 물었다.

"적이 우리 진영의 좌우를 불태우고 또 우리 진영의 앞뒤를 불
태워서 연기가 우리의 군대를 뒤덮고, 적의 대군이 불탄 자리를
점령하고서 출동하면 어찌해야 합니까?"

태공이 대답하였다.

"이와 같은 경우에는 사무충진四武衝陣을 만들고 강한 쇠뇌를 가
진 부대로 우리의 좌우를 돕게 하여야 하니, 이 경우에는 적과 우
리가 모두 철저한 대비가 있기 때문에 피아간彼我間에 승리도 없고
패배도 없을 것입니다."

제42편 적의 빈 보루 〔壘虛〕

무왕이 태공에게 물었다.

"어떻게 하면 적의 보루에 대한 허실虛實과 적이 오가는 것을 알 수 있습니까?"

태공이 대답하였다.

"장수는 반드시 위로는 천도天道를 알고 아래로는 지리地利를 알고 가운데로는 인사人事를 알아서, 높은 곳에 올라가 아래를 내려다보아 적의 변동을 관찰하여야 하니, 적의 보루를 바라보면 적의 허실을 알고, 적의 병사들을 관망觀望하면 적이 오가는 것을 알 수 있습니다."

무왕이 물었다.

"어떻게 알 수 있습니까?"

태공이 대답하였다.

"적진에서 나는 소리를 들어보아 북소리가 제대로 나지 않고 방울소리가 제대로 울리지 않으며, 바라보아 적진의 위에 나는 새가 많은데도 놀라지 않고 위에 나쁜 기운이 없으면, 적이 속임수로 허수아비를 만들어 세워놓은 것임을 알 수 있습니다.

적이 갑자기 떠나다가 멀리 가지 않고서 안정되기 전에 다시 돌아오는 것은 저들이 병사들을 너무 급히 사용해서입니다. 병사들

을 너무 급히 사용하면 앞뒤가 서로 차례를 지키지 못하고, 앞뒤
가 서로 차례를 지키지 못하면 진영이 반드시 혼란해집니다. 이와
같은 경우에는 급히 군대를 출동시켜 공격해야 하니, 적은 병력으
로 많은 적을 공격하더라도 반드시 패퇴敗退시킬 것입니다."

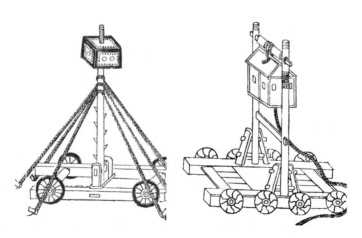

적의 성 안을 관찰하는 데 사용된 망루거望樓車(左)와 소거巢車(右)

V. 표도 豹韜

표범〔豹〕은 행동이 민첩하고 변화무쌍하며 용맹이 뛰어난 맹수라 하여 이것을 편명으로 삼은 것이다. 이 편에서는 군대가 산림지대나 늪지대에서 기동起動하고 싸우는 방법과, 적지敵地에 깊숙이 쳐들어가서 불리한 여건에 처하였을 때 이를 타개하는 방법 등이 언급되어 있다.

제43편 산림山林 지역의 전투〔林戰〕

무왕이 태공에게 물었다.

"군대를 이끌고 제후의 땅에 깊숙이 쳐들어가서 큰 숲을 만나 적과 숲을 나누어 대치할 경우, 우리가 지키면 견고하고 싸우면 승리하고자 하면 어찌해야 합니까?"

태공이 대답하였다.

"우리의 삼군을 나누어 사무충진을 만들어서 병사들이 주둔하기에 편리하게 하며, 활과 쇠뇌를 가진 부대를 외부에 배치하고 창과 방패를 가진 부대를 중앙에 배치하며, 풀과 나무를 베어 제거해서 우리가 통행하는 길을 넓혀 전투하기에 편리하게 하며, 깃발을 높이 꽂아놓고 삼군을 철저히 단속해서 적으로 하여금 우리의 실정實情을 알지 못하게 해야 하니, 이것을 일러 '산림 지역의 전투'라 합니다.

산림에서 전투하는 방법은, 우리의 갈고리 창과 갈래진 창을 잡은 병사들을 인솔하여 서로 대오隊伍가 되게 하고, 숲 사이에 나무가 성글면 기마병 부대를 보조로 삼고 전차 부대를 선두에 있게 하고서, 편리함을 발견하면 싸우고 편리함을 발견하지 못하면 중지해야 합니다.

숲속에 험하고 막힌 곳이 많으면 반드시 사무충진을 설치하여 앞뒤를 방비하고 삼군이 급히 싸우면, 적이 아무리 많더라도 적장을 패주시킬 수 있습니다. 번갈아 싸우고 번갈아 휴식하되 각각 소속 부대에서 멈추어야 하니, 이것을 '산림에서 전투하는 기강紀綱(기본)'이라 합니다."

제44편   돌격전突擊戰 〔突戰〕

무왕이 태공에게 물었다.

"적이 먼 길을 달려 깊숙이 쳐들어와서 우리의 영토를 침략하고 우리의 소와 말을 몰아가며, 적의 삼군이 크게 몰려와서 우리의 성 밑으로 다가와 압박하면, 우리의 병사들이 크게 두려워하고 백성들이 모두 포박을 당하고 구속되어서 적에게 사로잡힐 것입니다. 이때 우리가 지키면 견고하고 싸우면 승리하도록 하려면 어찌해야 합니까?"

태공이 대답하였다.

"이와 같은 것을 '돌병突兵'이라 하니, 적은 우리의 소와 말을 잡아먹을 겨를이 없어서 반드시 먹을 것이 끊길 것입니다. 이때 우리가 급히 맹공猛攻을 가하면서 전진하고, 먼 고을에 있는 우리의 별동대別動隊로 하여금 정예병을 선발하여 급히 적의 후미를 공격하게 하되, 싸우는 날짜를 잘 살펴서 반드시 그믐밤에 교전交戰하고 삼군으로 하여금 급히 싸우게 하면, 적이 아무리 많더라도 적장을 사로잡을 수 있습니다."

무왕이 말씀하였다.

"적이 3, 4개의 부대로 나누어 혹은 싸우면서 우리의 영토를 침략하고 혹은 주둔駐屯해 있으면서 우리의 소와 말을 노략질하며,

적의 대군大軍은 아직 다 오지 않고 일부의 병력만 출동시켜 우리의 성 밑으로 다가와 압박하여 우리의 삼군을 두렵게 하면, 어찌해야 합니까?"

태공이 대답하였다.

"철저히 정탐偵探하여 적군이 아직 다 오지 않았으면 대비하고 기다리되, 성에서 4리쯤 떨어진 곳에 보루를 설치하고 징과 북과 깃발을 모두 나열하여 펼쳐놓습니다. 별동대를 매복시키고 우리의 보루 위에 강한 쇠뇌를 발사하는 정예 부대를 많이 배치하되 100보에 한 개의 돌문突門(적을 방어하고 성을 수비하기 위해 만든 비밀 문)을 내놓고 문에는 행마行馬를 설치해두며, 전차 부대와 기마병 부대는 밖에 있고 용감한 정예병은 매복해 있게 합니다.

적이 만약 진격해오면 우리의 경무장輕武裝한 병사들로 하여금 교전하다가 거짓으로 패주하게 하고, 우리의 성 위에 깃발을 세우고 큰 북과 작은 북을 함께 쳐서 수비 태세를 강화하면, 적은 우리가 성을 철저히 수비한다고 생각하여 반드시 성 아래로 다가와 압박할 것입니다.

이때 우리의 복병伏兵을 출동시켜서 적의 내부를 충돌하고 혹은 외부를 공격하며, 삼군이 급히 싸워서 혹은 적의 선두를 공격하고 혹은 적의 후미를 공격하면, 적은 용감한 자라도 제대로 싸우지 못할 것이고 발이 빠른 자라도 미처 달아나지 못할 것이니, 이것을 이름하여 '돌전突戰'이라 합니다. 이렇게 하면 적의 병력兵力이 아무리 많더라도 그 장수를 반드시 패주시킬 수 있습니다."

무왕이 말씀하였다.

"좋은 말씀입니다."

제45편 강적強敵과의 전투〔敵强〕

무왕이 태공에게 물었다.

"군대를 이끌고 제후의 땅에 깊숙이 쳐들어가서 적군과 충돌하여 서로 대치하였는데, 적군은 병력이 많고 우리는 적으며 적군은 강하고 우리는 약합니다. 그런데 적이 야음을 틈타 쳐들어와서 혹은 우리의 왼쪽을 공격하고 혹은 우리의 오른쪽을 공격하면, 우리의 삼군이 진동하고 놀랄 것입니다. 이 경우 우리가 싸우면 승리하고 지키면 견고하고자 하면 어찌해야 합니까?"

태공이 대답하였다.

"이와 같은 것을 '진동하는 적〔震寇〕'이라 하니, 이때에는 출전出戰하는 것이 이롭고 수비守備하면 안 됩니다. 우리의 용감한 병사와 강력한 궁노弓弩 부대와 전차 부대와 기마병 부대를 선발하여 좌익左翼과 우익右翼으로 삼아서 적의 선두와 후미, 적의 외부와 내부를 공격하면, 반드시 적군이 소란해지고 적장이 놀랄 것입니다."

무왕이 물었다.

"만약 적군이 멀리 달려와서 우리의 선두를 가로막고 우리의 후미를 맹렬히 공격하여 우리의 정예병을 차단하고 우리의 용맹한 군대를 끊어서, 우리의 안과 밖이 서로 소식을 전하지 못하면, 삼군이 소란하여 모두 패주할 것입니다. 그리하여 병사들은 싸울 마음이 없어지고 장수와 관리들은 굳게 지킬 마음이 없어지면 어찌해야 합니까?"

태공이 대답하였다.

"현명하십니다. 임금님의 질문이시여. 호령號令을 분명하고 자세하게 내리며, 용감하고 날쌔어 위험을 무릅쓰고 적장을 잡을 수 있는 병사들을 출동시키되, 병사마다 횃불을 잡고 두 사람이 북을 함께 치게 합니다. 반드시 적이 있는 곳을 알아내어 혹은 적의 안팎을 공격하고, 암호暗號로 서로 알려서 횃불을 모두 끄고 북소리를 모두 그치게 한 다음 우리의 안과 밖이 서로 응하여 약속을 철저히 하고 삼군이 맹렬히 싸우게 하면, 적이 반드시 패망할 것입니다."

무왕이 말씀하였다.

"좋은 말씀입니다."

제46편 용맹한 적병과의 전투 〔敵武〕

무왕이 태공에게 물었다.

"군대를 이끌고 제후의 땅에 깊숙이 쳐들어가서 갑자기 적을 만났는데, 병력도 많고 또 용맹스러운 적이 무장한 전차와 날랜 기마병으로 우리의 좌우左右를 포위하면, 우리 삼군이 모두 놀라 달아나서 멈추게 할 수가 없을 것이니, 어찌해야 합니까?"

태공이 대답하였다.

"이와 같은 경우를 '패병敗兵'이라 이르니, 용병用兵을 잘하는 자는 승리하고 용병을 잘하지 못하는 자는 패망합니다."

무왕이 물었다.

"이를 어찌해야 합니까?"

태공이 대답하였다.

"우리의 용감한 병사와 강력한 궁노 부대와 무장한 전차와 날랜 기마병을 매복시켜 좌익과 우익으로 삼되 항상 앞뒤로 3리쯤 떨어지게 하였다가, 적이 우리를 추격하면 우리의 전차 부대와 기마병 부대를 출동시켜서 적의 좌우를 충돌하게 하여야 합니다. 이와 같이 하면 적이 소란해지고 우리의 도망하던 병사들이 저절로 걸음을 멈추고 돌아올 것입니다."

무왕이 물었다.

"적이 우리의 전차 부대, 기마병 부대와 서로 대치하였는데, 적군은 병력이 많고 우리는 적으며, 적군은 강하고 우리는 약하며, 몰려오는 적이 정돈되고 정예로워서 우리 진영이 감당할 수 없으면, 어찌해야 합니까?"

태공이 대답하였다.

"우리의 용맹한 병사와 강한 궁노 부대를 선발하여 좌우에 매복시키고 전차 부대와 기마병 부대는 진영을 견고히 지키면서 주둔해 있다가, 적이 우리의 복병이 있는 곳을 지나가면, 강력한 궁노 부대는 적의 좌우를 향해 궁노를 발사하고, 전차 부대와 기마병 부대의 정예병은 적군을 급히 공격하여 혹은 적의 선두를 공격하고 혹은 적의 후미를 공격하면, 적이 아무리 많더라도 그 장수가 반드시 패주할 것입니다."

무왕이 말씀하였다.

"좋은 말씀입니다."

제47편 산지山地의 오운진법烏雲陣法〔烏雲山兵〕

무왕이 태공에게 물었다.

"군대를 이끌고 제후의 땅에 깊숙이 쳐들어가서 높은 산과 반석盤石을 만났는데, 그 위가 우뚝 솟아 의지할 만한 풀과 나무가 없어서 사면에서 적의 공격을 받으면, 우리의 삼군이 두려워하고 병사들이 의혹할 것입니다. 이 경우 우리가 지키면 견고하고 전투하면 승리하고자 하면 어찌해야 합니까?"

태공이 대답하였다.

"무릇 삼군이 산의 높은 곳에 주둔해 있으면 적에게 포위되어 내려올 수 없고, 산의 아래에 주둔해 있으면 적에게 갇혀 탈출할 수 없게 됩니다. 산으로 둘러싸인 곳에 주둔하면 반드시 오운진烏雲陣(까마귀가 흩어지고 구름이 모이듯 변화가 무궁한 진법)을 쳐야 하니, 오운진은 모이고 흩어지는 것이 일정하지 않아 음陰과 양陽이 모두 구비되어 음지陰地에 주둔하기도 하고 양지陽地에 주둔하기도 합니다.

산의 양지에 주둔하면 산의 음지쪽을 방비하고 산의 음지에 주둔하면 산의 양지쪽을 방비하며, 산의 왼쪽에 주둔하면 산의 오른쪽을 방비하고 산의 오른쪽에 주둔하면 산의 왼쪽을 방비해야 합니다.

적이 타고 오를 수 있는 곳에는 병력을 배치해서 외부를 방비하고, 큰 길과 통하는 골짝은 무장한 전차 부대로 차단하며, 깃발을 높이 꽂아놓고 삼군을 철저히 단속해서 적으로 하여금 우리의 실정을 알지 못하게 하여야 하니, 이것을 일러 '산성山城'이라 합니다.

항렬行列이 정해지고 병력 배치가 끝났으며 법령이 행해지고 기정奇正의 계책이 갖추어지면, 각각 충진衝陣을 산의 위에 설치하여 병사들이 주둔하기에 편리하게 합니다. 이에 전차 부대와 기마병 부대를 나누어 오운진을 만들어서 삼군이 급히 싸우면, 적이 아무리 많더라도 그 장수를 사로잡을 수 있습니다."

제48편 습지濕地의 오운진법烏雲陣法〔烏雲澤兵〕

무왕이 태공에게 물었다.

"군대를 이끌고 제후의 땅에 깊숙이 쳐들어가서 적과 강물을 마주하고 서로 대치했을 적에, 적은 군량軍糧과 재화財貨가 풍부하고 병력兵力이 많으며 우리는 재화가 부족하고 병력이 적어서 강물을 건너가 공격하면 전진할 수 없고 날짜를 끌어 오랫동안 버티고자 하면 군량이 부족하며, 우리가 늪이나 뻘에 주둔해 있어 사방에 우리를 지원해줄 고을이 없고 또 의지할 만한 풀과 나무가 없어서 삼군이 노략질할 것이 없고 소와 말을 먹일 꼴이 없으면, 어찌해야 합니까?"

태공이 대답하였다.

"삼군이 적을 막을 만한 대비對備가 없고 소와 말이 먹을 꼴이 없고 병사들이 먹을 군량이 없으면, 이와 같은 경우에는 편리한 방법을 찾아서 적을 속이고 급히 떠나가되, 복병伏兵을 후방後方에 설치해야 합니다."

무왕이 물었다.

"적을 속일 수가 없고 우리 병사들이 미혹되어 있으며, 적이 우리 진영의 앞뒤로 넘어와서 우리 삼군이 패하여 도망하면 어찌해야 합니까?"

태공이 대답하였다.

"탈출할 길을 찾는 방도는 금은金銀과 보화寶貨를 사용하되 반드시 적의 사자使者를 이용해야 하니, 정밀하고 미묘하게 하는 것이 관건입니다."

무왕이 물었다.

"적이 우리 군대가 매복해 있는 곳을 알고 있어서 많은 병력이 강물을 건너오려 하지 않고 별장別將이 군대를 나누어서 강물을 건너오면 우리 삼군이 크게 두려워할 것이니, 어찌해야 합니까?"

태공이 대답하였다.

"이와 같은 경우에는 군대를 나누어 충진을 만들어서 병사들이 주둔하기에 편리하게 하고, 적이 다 출전出戰하기를 기다렸다가 우리의 복병을 출동시켜 적의 후미를 급히 공격하고, 강력한 궁노 부대는 양옆에서 적의 좌우를 향해 궁노를 발사하며, 전차 부대와 기마병 부대는 나누어 오운진烏雲陣을 설치하여 앞뒤를 방비하고 삼군이 급히 싸워야 하니, 적이 우리가 모여 싸우는 것을 보면 많은 병력이 반드시 강물을 건너올 것입니다.

이때 우리의 복병을 출동시켜서 적의 후미를 급히 공격하고 전차 부대와 기마병 부대가 적의 좌우를 충돌하면, 적이 아무리 많더라도 그 장수를 패주시킬 수 있습니다.

무릇 용병하는 대요大要는, 적을 맞아 싸울 적에 반드시 충진을 설치하여 병사들이 주둔하기에 편리하게 하여야 합니다. 그런 뒤에 전차 부대와 기마병 부대를 나누어 오운진을 설치해야 하니,

이는 용병의 기이한 계책입니다. 이른바 '오운진'이란 까마귀가 흩어지고 구름이 모이듯 변화가 무궁한 것입니다."

무왕이 말씀하였다.

"좋은 말씀입니다."

제49편 적은 병력을 이용한 큰 적의 격퇴〔少衆〕

무왕이 태공에게 물었다.

"내가 적은 병력으로 적의 많은 병력을 공격하고 약한 부대로 적의 강한 부대를 공격하고자 하니, 어찌해야 합니까?"

태공이 대답하였다.

"적은 병력으로 적의 많은 병력을 공격하는 경우에는 반드시 해가 저물 적에 풀이 우거진 곳에 매복을 설치하고 좁은 길목에서 요격邀擊하여야 하며, 약한 부대로 적의 강한 부대를 공격하는 경우에는 반드시 대국大國의 도움과 이웃 나라의 원조援助를 얻어야 합니다."

무왕이 물었다.

"우리에게 풀이 우거져 매복할 만한 곳이 없고 또 요격할 만한 좁은 길목이 없으며, 해가 저물기 전에 적이 이미 몰려왔으며, 우리에게 대국의 도움이 없고 또 이웃 나라의 원조가 없으면, 어찌해야 합니까?"

태공이 대답하였다.

"속임수로 적을 유인하는 계책을 써서 적장을 현혹시켜야 합니다. 길을 우회하여 적으로 하여금 풀이 우거진 곳을 지나가게 하고 길을 멀리 돌아서 적으로 하여금 해가 질 무렵에 회전會戰하게 만들어서, 적의 선두 부대가 미처 강물을 건너오지 못하고 후미 부대가 미처 막사幕舍에 나아가지 못했으면, 우리의 복병을 출동시켜서 적의 좌우를 급히 공격하고 전차 부대와 기마병 부대가 적의 앞뒤를 소란하게 해야 합니다. 이렇게 하면 적이 아무리 많더라도 그 장수를 패주시킬 수 있습니다.

군주는 대국의 군주를 잘 섬기고 자신을 낮추어 이웃 나라의 선비에게 예우하며 폐백을 많이 보내고 말을 공손히 해야 하니, 이와 같이 하면 대국의 도움과 이웃나라의 원조를 얻을 것입니다."

무왕이 말씀하였다.

"좋은 말씀입니다."

제50편   험지險地에서의 분산대치分散對峙〔分險〕

무왕이 태공에게 물었다.

"군대를 이끌고 제후의 땅에 깊숙이 쳐들어가서 험하고 좁은 지역에서 적과 서로 만났는데, 우리는 왼쪽에 산이 있고 오른쪽에 물이 있으며 적은 오른쪽에 산이 있고 왼쪽에 물이 있어, 우리와 적이 험한 곳을 나누어 서로 대치해 있을 경우, 우리가 수비하면 견고하고 싸우면 승리하고자 하면 어찌해야 합니까?"

태공이 대답하였다.

"산의 왼쪽에 주둔해 있을 적에는 산의 오른쪽을 급히 수비하고, 산의 오른쪽에 주둔해 있을 적에는 산의 왼쪽을 급히 수비하며, 험한 곳에 큰 물이 있는데 배와 노가 없을 경우에는 천황天潢을 가지고 우리 삼군을 건너게 합니다.

이미 건너간 병사들은 신속히 우리의 길을 넓혀 전투하기에 편리하게 하고, 대형 전차인 무충부서武衝扶胥로 앞뒤의 진영을 만들며, 강력한 궁노 부대를 길게 배치하여 진영을 모두 견고하게 하고, 큰길과 골짝 입구에는 무충부서를 운용하여 적의 침입로를 차단하고 깃발을 높이 꽂아놓아야 하니, 이것을 일러 '군성軍城(교두보)'이라 합니다.

대체로 험지險地에서 전투하는 방법은 무충부서를 앞세우고 큰 방패로 호위하며, 용맹한 병사와 강력한 궁노 부대로 우리 진영의 좌우를 엄호掩護하고, 3천 명을 한 진영으로 만들되 반드시 충진을 설치하여 병사들이 주둔하기에 편리하게 해야 합니다.

우리의 왼쪽 군대는 적의 왼쪽 군대를 맡고 오른쪽 군대는 적의 오른쪽 군대를 맡고 중군中軍은 적의 중군을 맡아서 일제히 공격하면서 전진하되, 이미 싸운 병사는 주둔한 곳으로 돌려보내서 승리할 때까지 반드시 번갈아 싸우고 휴식하게 해야 합니다."

무왕이 말씀하였다.

"좋은 말씀입니다."

VI. 견도 犬韜

개〔犬〕는 영리하고 충직한 동물로 인간에 의해 순화된 이래 사냥의 도구로 사용되었으므로, 이를 편명으로 삼은 것이다. 이 편에서는 군대의 분산과 집합, 교육훈련, 그리고 보병·기마병·전차병의 편성과 그 운용에 대하여 상세히 논하고, 전시戰時에 병종별兵種別로 통제 지휘하는 방법론을 아울러 열거하고 있다.

제51편 이합집산離合集散〔分合〕

무왕이 태공에게 물었다.

"왕이 군대를 출동시켜 삼군을 나누어 몇 곳에 주둔시켰다가, 장수가 일정한 시간에 적과 회전會戰하려고 병사들에게 약속을 하고 상벌賞罰을 내리려면 어찌해야 합니까?"

태공이 대답하였다.

"무릇 용병用兵하는 방법은 삼군의 병력을 반드시 나누고 모으는 변화變化가 있어야 하니, 대장이 먼저 전투할 지역과 전투할 날짜를 정한 뒤에 격문檄文을 돌려서 여러 장수나 관리와 약속하여야 합니다.

적의 성을 공격하고 적의 고을을 포위할 적에는 각각 약속한 장

소에 모이되, 전투할 날짜를 분명히 고시告示하고 시각을 정하여 제때에 집결하게 합니다. 대장은 진영을 설치하고 포진하여 수레로 만든 진영의 군문軍門인 원문轅門에 표시기둥을 세우고 길을 깨끗이 청소하고서 기다려야 합니다.

여러 장수와 관리는 도착한 선후의 순서를 비교해서 시기보다 앞서 도착한 자에게는 상賞을 내리고 시기보다 뒤늦게 도착한 자에게는 참형斬刑을 시행하여야 합니다. 이와 같이 하면 멀고 가까운 곳에 있는 자들이 모두 달려와 모이고 삼군이 모두 시기에 맞게 도착해서 힘을 합쳐 함께 싸울 것입니다."

제52편 정예병을 활용한 공격 〔武鋒〕

무왕이 태공에게 물었다.

"무릇 용병하는 요점은 반드시 무장한 전차와 날랜 기마병과 용감하게 적진에 달려가는 용사와 선발된 정예 병사가 있어서 가능성을 발견하면 적을 공격하는 것이니, 어떤 경우에 공격할 수 있습니까?"

태공이 대답하였다.

"적을 공격하려고 하는 자는 적의 열네 가지 변화를 자세히 살펴야 하니, 변화가 나타날 경우에 공격하면 적이 반드시 패할 것입니다."

무왕이 말씀하였다.

"열네 가지 변화를 들을 수 있겠습니까?"

태공이 대답하였다.

"적이 이제 막 모였으면 공격할 수 있고, 적의 병사와 말이 아직 먹지 못했으면 공격할 수 있고, 천시天時가 순하지 않으면 공격할 수 있고, 적이 유리한 지형을 얻지 못했으면 공격할 수 있고, 적이 분주히 달아나면 공격할 수 있고, 적이 철저히 경계하지 않으면 공격할 수 있고, 적이 피로하면 공격할 수 있고, 적장이 병사들과 괴리되어 있으면 공격할 수 있고, 적이 먼 길을 걸어오면 공격할 수 있고, 적이 물을 건너오면 공격할 수 있고, 적이 한가로운 여가가 없으면 공격할 수 있고, 적이 좁은 길에 막혀 통행하기 어려우면 공격할 수 있고, 적의 항렬이 문란하면 공격할 수 있고, 적이 공포심을 품고 있으면 공격할 수 있습니다.

제53편 병사의 선발과 훈련 〔練士〕

무왕이 태공에게 물었다.

"병사를 선발하는 방도는 어떻게 해야 합니까?"

태공이 대답하였다.

"군중에서 큰 용맹과 힘이 있어서 용감하게 싸우다가 죽고 부상당하는 것을 즐거워하는 자들을 모아 한 부대를 만들어야 하니, 이를 이름하여 '모인지사冒刃之士(칼날을 무릅쓰고 용감히 싸우는 군사)'라 합니다.

정예로운 기운이 있어서 건장하고 용감하며 강하고 사나운 자들을 모아 한 부대를 만들어야 하니, 이를 이름하여 '함진지사陷陣之士(적진을 무찌르는 군사)'라 합니다.

기이한 의표儀表가 있어 출중하고 장검을 쓰기 좋아하여 발걸음을 잇고 항렬을 가지런히 하는 자들을 모아 한 부대를 만들어야 하니, 이를 이름하여 '용예지사勇銳之士(용감하고 정예로운 군사)'라 합니다.

높이 뛰고 쇠갈고리를 펴며 몸이 강하고 힘이 많아서 적의 징과 북을 깨뜨리고 적의 깃발을 찢고 없애는 자들을 모아 한 부대를 만들어야 하니, 이를 이름하여 '용력지사勇力之士(용감하고 힘이 뛰어난 군사)'라 합니다.

적의 높은 성을 뛰어넘고 먼 길을 달려가서 발이 빠르고 달리기를 잘하는 자들을 모아 한 부대를 만들어야 하니, 이를 이름하여 '구병지사寇兵之士(적을 침략하는 군사)'라 합니다.

임금의 신하 중에 권세를 잃고서 다시 윗사람에게 공로를 인정받고자 하는 자들을 모아 한 부대를 만들어야 하니, 이를 이름하여 '사투지사死鬪之士(목숨을 걸고 싸우는 군사)'라 합니다.

죽은 장수의 자제로서 적장에게 원수를 갚고자 하는 자들을 모아 한 부대를 만들어야 하니, 이를 이름하여 '사분지사死憤之士(분기가 넘쳐 결사적으로 싸우는 군사)'라 합니다.

가난하고 곤궁하여 분노하는 마음을 품고서 자기 뜻을 통쾌하게 이루고자 하는 자들을 모아 한 부대를 만들어야 하니, 이를 이름하여 '필사지사必死之士(목숨을 걸고 싸우는 군사)'라 합니다.

남의 데릴사위가 되거나 포로가 되어서 지난날의 수치스러운 자취를 은폐하고 이름을 드날리고자 하는 자들을 모아 한 부대를 만들어야 하니, 이를 이름하여 '여둔지사勵鈍之士(치욕을 씻기 위해 분발하는 군사)'라 합니다.

복역하는 죄수들 중에 죄를 사면받고 자신의 치욕을 씻고자 하는 자들을 모아 한 부대를 만들어야 하니, 이를 이름하여 '행용지사幸用之士(등용되기를 바라는 군사)'라 합니다.

재능과 기예가 보통 사람보다 뛰어나며 무거운 짐을 지고 먼 길을 갈 수 있는 자들을 모아 한 부대를 만들어야 하니, 이를 이름하여 '대명지사待命之士(명령을 기다리는 군사)'라 합니다.

　이상의 열한 가지는 군대의 선발된 병사들이니, 살피지 않으면 안 됩니다."

제54편　전술교육〔敎戰〕

무왕이 태공에게 물었다.

"삼군의 병사를 모아서 병사들로 하여금 전투하는 방도를 익히게 하려면 어찌해야 합니까?"

태공이 대답하였다.

"무릇 삼군을 통솔할 적에 반드시 징과 북의 절도가 있는 것은 병사들을 정돈하기 위한 것입니다. 장수는 반드시 먼저 관리와 병사들에게 분명히 고시告示하고 거듭 세 번을 명령하여 병기를 잡고서 일어나고 앉는 방법과 깃발로 지휘하는 변화의 법을 가르쳐야 합니다.

그러므로 관리와 병사들을 가르쳐서 한 사람으로 하여금 전투하는 방법을 배우게 하여 가르침이 이루어지면 열 명에 합치고, 열 사람이 전투하는 방법을 배워서 가르침이 이루어지면 백 명에 합치고, 백 명이 전투하는 방법을 배워서 가르침이 이루어지면 천 명에 합치고, 천 명이 전투하는 방법을 배워서 가르침이 이루어지면 만 명에 합치고, 만 명이 전투하는 방법을 배워서 가르침이 이루어지면 삼군의 병사에 합치며, 크게 싸우는 법을 가르쳐 가르침이 이루어지면 백만의 군대에 합칩니다. 그러므로 큰 병력을 이루어서 천하에 위엄을 세우는 것입니다."

무왕이 말씀하였다.

"좋은 말씀입니다."

제55편 전차병과 기마병과 보병의
고른 배치 〔均兵〕

무왕이 태공에게 물었다.

"전차戰車를 가지고 적의 보병步兵과 싸우면 우리의 전차 한 대가 적의 보병 몇 명을 당하고 적의 보병 몇 명이 우리의 전차 한 대를 당하며, 기마병騎馬兵을 가지고 적의 보병과 싸우면 우리의 기마병 한 명이 적의 보병 몇 명을 당하고 적의 보병 몇 명이 우리의 기마병 한 명을 당하며, 전차를 가지고 적의 기마병과 싸우면

전차戰車

우리의 전차 한 대가 적의 기마병 몇 명을 당하고 적의 기마병 몇 명이 우리의 전차 한 대를 당합니까?"

태공이 대답하였다.

"전차란 군대의 우익羽翼이니 견고한 적진을 무찌르고 강한 적을 요격하고 패주하는 적을 가로막는 것이며, 기마병이란 적의 기회를 엿보고 살피는 것이니 패주하는 적을 추격하고 적의 군량 수송로를 차단하고 적의 민첩한 자들을 공격하는 것입니다. 그러므로 전차 부대와 기마병 부대가 맞서 싸울 수 없는 상태에서 싸우게 되면 기마병 한 명이 보병 한 명을 당해내지 못합니다.

삼군의 군대가 진을 이루고 서로 맞서 싸울 경우, 평지에서는 전차 한 대가 보병 80명을 당해내고 보병 80명이 전차 한 대를 당해내며, 한 명의 기마병이 보병 8명을 당해내고 보병 8명이 한 명의 기마병을 당해내며, 전차 한 대가 10명의 기마병을 당해내고 10명의 기마병이 전차 한 대를 당해냅니다.

험한 지역에서는 전차 한 대가 보병 40명을 당해내고 보병 40명이 전차 한 대를 당해내며, 한 명의 기마병이 보병 4명을 당해내고 보병 4명이 한 명의 기마병을 당해내며, 전차 한 대가 6명의 기마병을 당해내고 6명의 기마병이 전차 한 대를 당해냅니다.

전차 부대와 기마병 부대는 평지에서의 전투가 유리하므로 많은 보병을 당해내고, 보병은 험고한 곳에서의 전투가 유리하므로 많은 전차와 기병을 당해내는 것입니다.

전차 부대와 기마병 부대는 군대의 무용武勇이 있는 병력이니,

전차 10대가 천 명의 보병을 패퇴시키고 전차 백 대가 만 명의 보병을 패퇴시키며, 10명의 기마병이 보병 백 명을 패퇴시키고, 백명의 기마병이 보병 천 명을 패퇴시키니, 이것이 그 대략의 숫자입니다."

무왕이 물었다.

"전차 부대와 기마병 부대에 관리의 숫자와 진陣 치는 방법은 어떻게 해야 합니까?"

태공이 대답하였다.

"전차 부대에 배치하는 관리의 숫자는, 전차 5대에 1명의 장長을 두고, 전차 10대에 1명의 리吏를 두고, 전차 50대에 1명의 수率를 두고, 전차 100대에 1명의 장수를 둡니다.

평지에서 전투하는 경우에는, 전차 5대를 1열로 만들어서 서로 거리가 40보쯤 떨어지게 하고 좌우의 간격이 10보쯤 되게 하고 부대 사이가 60보쯤 되게 하며, 험지에서 전투하는 경우에는, 전차는 반드시 길을 따라가서 전차 10대를 취聚로 만들고 전차 20대를 둔屯으로 만들되 앞뒤의 거리가 서로 20보쯤 되게 하고 좌우의 간격이 6보쯤 되게 하며, 부대 사이가 36보쯤 되게 하여야 하니, 1명의 장長이 종횡으로 1리쯤 서로 떨어져서 각각 옛 길로 돌아가게 하여야 합니다.

기마병 부대에 배치하는 관리의 숫자는, 5명의 기마병에 1명의 장을 두고, 10명의 기마병에 1명의 리吏를 두고, 100명의 기마병에 1명의 수率를 두고, 200명의 기마병에 1명의 장수를 둡니다.

평지에서 전투하는 경우에는, 5명의 기마병을 1열로 만들어서 앞뒤의 거리가 서로 20보쯤 떨어지게 하고 좌우의 간격이 4보쯤 되게 하고 부대 사이가 50보쯤 되게 하며, 험지에서 전투하는 경우에는, 앞뒤의 거리가 10보쯤 떨어지게 하고 좌우의 간격이 2보쯤 되게 하고 부대 사이가 25보쯤 되게 하니, 30명의 기마병을 1둔屯으로 만들고 60명의 기마병을 1배輩로 만들되, 10명의 기마병에 1명의 리吏를 두어 종횡으로 서로 100보쯤 떨어져서 두루 돌아 각각 옛 자리로 돌아오게 하여야 합니다."

무왕이 말씀하였다.

"좋은 말씀입니다."

제56편　전차병의 선발〔武車士〕

무왕이 태공에게 물었다.

"전차병戰車兵의 선발을 어떻게 해야 합니까?"

태공이 대답하였다.

"전차병을 선발하는 방법은, 나이 40세 이하에 신장 7척 5촌 이상인 자로 발이 빨라 달아나는 말을 쫓아가고 달리는 말에 올라타서는 전후좌우로 오르내리고 두루 돌며, 적의 깃발을 묶어오고 힘이 8석石의 쇠뇌를 당길 수 있어서 전후좌우로 활을 쏨에 모두 편리하게 익힌 자를 선발하여야 합니다. 이들을 이름하여 '무거지사武車之士'라 하니, 우대하지 않으면 안 됩니다."

제57편　기마병의 선발〔武騎士〕

무왕이 태공에게 물었다.

"기마병을 선발할 때에는 어떻게 해야 합니까?"

태공이 대답하였다.

"기마병을 선발하는 방법은, 나이 40세 이하에 신장이 7척 5촌 이상인 자로 몸이 건장하고 발걸음이 보통 사람보다 매우 빠르며, 말을 달리면서 활을 당겨 쏘고 전후前後와 좌우左右로 두루 돌면서 나아가고 물러가며, 참호를 넘어가고 구릉을 올라가고 험한 곳을 무릅쓰고 큰 늪을 건너가며, 강한 적진으로 달려가고 적의 많은 병력을 혼란시킬 수 있는 자들을 선발해야 합니다. 이들을 이름하여 '무기지사武騎之士'라 하니, 후대하지 않으면 안 됩니다."

제58편 전차를 이용한 전투 〔戰車〕

무왕이 태공에게 물었다.

"전차전戰車戰을 어찌해야 합니까?"

태공이 대답하였다.

"보병은 적의 변동을 아는 것을 소중하게 여기고, 전차 부대는 지형을 아는 것을 소중하게 여기고, 기마병은 오솔길과 샛길을 아는 것을 소중하게 여기니, 보병과 전차병과 기마병 세 군대는 군대라는 명칭은 같으나 쓰임은 다릅니다. 무릇 전차전에는 죽을 지형이 열 곳이 있고, 승리하는 지형이 여덟 곳이 있습니다."

무왕이 물었다.

"열 곳의 죽을 지형은 어떤 것입니까?"

태공이 대답하였다.

"가기만 하고 돌아올 수 없는 지형은 전차 부대가 죽는 지형입니다.

험한 곳을 넘어가서 적의 먼 길을 틈타는 곳은 전차 부대가 멸망하는 지형입니다.

전면全面이 평탄하고 후면後面이 험한 곳은 전차 부대가 곤궁한 지형입니다.

험한 곳에 빠져서 나오기 어려운 곳은 전차 부대가 고립되는 지형입니다.

지형이 푹 꺼지고 낮아서 저습한 늪지대에 검은 흙이 찰진 곳은 전차 부대가 수고로운 지형입니다.

왼쪽은 험하고 오른쪽은 평탄하며 위로 높은 구릉이 있고 산비탈을 올려다보는 곳은 전차 부대의 거스르는 지형입니다.

무성한 풀이 밭두둑을 뒤덮고 깊은 못을 무릅쓰고 지나가는 곳은 전차 부대의 어긋난 지형입니다.

전차가 적고 지세가 평탄하여 적의 보병과 맞서 싸울 수 없는 곳은 전차 부대가 패하는 지형입니다.

뒤에 도랑이 있고 왼쪽에 깊은 물이 있고 오른쪽에 높은 산비탈이 있는 곳은 전차 부대가 무너지는 지형입니다.

밤낮으로 장맛비가 내려서 열흘 동안 그치지 아니하여 도로가 무너져서 앞으로 전진하지 못하고 뒤로 후퇴할 수 없는 곳은 전차 부대가 빠지는 지형입니다.

이 열 곳은 전차 부대가 죽는 지형이므로, 졸렬한 장수는 적에게 사로잡히고 현명한 장수는 능히 피하여 떠납니다.”

무왕이 물었다.

“여덟 곳의 승리하는 지형은 어떤 것입니까?”

태공이 대답하였다.

“적의 앞뒤 항렬과 진영이 안정되지 못했으면 즉시 무찌릅니다.

깃발이 혼란하고 사람과 말이 자주 놀라 움직이면 즉시 무찌릅니다.

적의 병사들이 혹 앞에 있고 혹 뒤에 있으며 혹 왼쪽에 있고 혹 오른쪽에 있으면 즉시 무찌릅니다.

적의 진영이 견고하지 못하여 적의 병사들이 앞뒤에서 서로 돌아보면 즉시 무찌릅니다.

앞으로 가면서 의심하고 뒤로 가면서 겁을 먹으면 즉시 무찌릅니다.

적의 삼군이 갑자기 놀라서 모두 급박하게 일어서면 즉시 무찌릅니다.

평지에서 전투하면서 저녁이 되어도 갑옷을 벗지 못하면 즉시 무찌릅니다.

적이 멀리 행군하여 저녁 늦게 막사에 머물며 적의 삼군이 두려워하면 즉시 무찌릅니다.

이 여덟 가지는 전차가 승리하는 지형입니다. 장수가 열 가지 해로운 지형과 여덟 가지 승리하는 지형에 밝으면, 적이 비록 천 대의 전차와 만 필의 기마로 우리를 완벽하게 포위하더라도, 앞으로 몰고 옆에서 치달려 만 번 싸워도 반드시 승리할 것입니다.”

무왕이 말씀하였다.

“좋은 말씀입니다.”

제59편 기마병을 이용한 전투 〔戰騎〕

무왕이 태공에게 물었다.

"기병전騎兵戰을 어떻게 해야 합니까?"

태공이 대답하였다.

"기병전에는 열 가지 승리하는 것이 있고, 아홉 가지 패배하는 것이 있습니다."

무왕이 물었다.

"열 가지 승리는 어떤 것입니까?"

태공이 대답하였다.

"적이 처음 도착하여 항렬과 진영이 안정되지 못하고 앞뒤가 연결되지 못하였을 경우, 앞에 있는 적의 기마병을 무찌르고 좌우를 공격하면, 적이 반드시 패주할 것입니다.

적의 항렬과 진영이 정돈되고 견고하며 적의 병사들이 싸우고자 할 경우, 우리 기마병이 좌우에서 떠나지 말고 혹은 달려가고 혹은 달려오되, 폭풍처럼 빠르고 우레와 같이 맹렬해서 대낮에도 먼지가 일어나 날이 어두운 듯하게 하며, 자주 깃발을 바꾸고 의복을 바꾸면, 적군을 이길 수 있습니다.

적의 항렬과 진영이 견고하지 못하고 적의 병사들이 용감히 싸우지 못할 경우, 앞뒤를 압박하고 좌우를 사냥하듯 양쪽에서 나래처럼 펼쳐 공격하면, 적이 반드시 두려워할 것입니다.

적이 저녁에 돌아가 쉬고자 할 적에 삼군이 공포심을 품고 있을 경우, 좌우 양옆을 나래처럼 펼쳐 적의 후미를 급히 공격하고 보루의 입구를 압박하여 적군으로 하여금 진영으로 들어가지 못하게 하면, 적이 반드시 패할 것입니다.

적진의 지형이 험하고 막혀서 견고하게 수비할 곳이 없을 경우, 우리가 멈추지 않고 계속 달려가 깊숙이 쳐들어가서 적의 군량 수송로를 차단하면, 적이 반드시 굶주릴 것입니다.

적진의 지형이 평탄하여 사면에서 적진이 보일 경우, 전차와 기마병으로 무찌르면, 적이 반드시 혼란할 것입니다.

적이 급히 도망하고 병사들이 흩어져 혼란할 경우, 그 양옆을 나래처럼 펼쳐 공격하거나 앞뒤를 엄습하면, 적장을 사로잡을 수 있습니다.

적이 저녁에 돌아갈 적에 병력이 매우 많으면 항렬과 진영이 반드시 혼란할 것이니, 우리 기마병 10명을 1대隊로 만들고 100명을 1둔屯으로 만들며 전차 5대를 1취聚로 만들고 10대를 1군群으로 만들어서 깃발을 많이 꽂아놓고 강한 궁노 부대를 섞어 배치해서, 혹은 적의 양옆을 나래처럼 펼쳐 공격하고 혹은 적의 앞뒤를 차단하면, 적장을 사로잡을 수 있을 것입니다.

이것이 기마병의 열 가지 승리하는 방법입니다."

무왕이 물었다.

"아홉 가지 패하는 지형은 어떤 것입니까?"

태공이 대답하였다.

"무릇 기마병을 데리고 적을 무찌르다가 적진을 격파하지 못하고, 적이 거짓으로 패주하다가 전차 부대와 기마병 부대로 우리의 후미를 반격하면, 이는 기마병이 패하는 지형입니다.

도망하는 적을 추격하여 험한 곳을 넘어가서 멈추지 않고 멀리 몰고 갔는데, 적이 우리의 좌우에 복병伏兵을 설치하고 또 우리의 후미를 차단하면, 이는 기마병이 포위되는 지형입니다.

지형이 갈 수는 있으나 돌아올 수는 없고 들어갈 수는 있으나 나올 수는 없으면, 이것을 일러 '천정天井에 빠지고 지혈地穴에 주둔했다.'고 하니, 이는 기마병이 죽는 지형입니다.

지형이 따라 들어가는 곳은 좁고 따라 나오는 곳은 멀어서, 적의 약한 군대가 우리의 강한 군대를 공격할 수 있고 적의 적은 병력이 우리의 많은 병력을 공격할 수 있으면, 이는 기마병이 전몰하는 지형입니다.

큰 시내와 깊은 골짝과 무성한 숲이 있으면, 이것은 기마병이 멸망하는 지형입니다.

왼쪽과 오른쪽에 물이 있고 앞에 큰 언덕이 있고 뒤에 높은 산이 있어서, 우리의 삼군은 두 물 사이에서 싸우고 적은 안과 밖에 있으면, 이는 기마병의 험난한 지형입니다.

적이 우리의 군량 수송로를 차단하여 가는 길은 있으나 돌아오는 길이 없으면, 이것은 기마병의 곤궁한 지형입니다.

지형이 낮은 늪지대여서 전진하고 후퇴하다가 진흙에 빠지면,

이것은 기마병이 환란에 빠지는 지형입니다.

왼쪽에 깊은 도랑이 있고 오른쪽에 높은 언덕이 있어서, 높은 곳에서 내려다볼 적에 평지와 같아 전진하고 후퇴할 때마다 적이 쳐들어오는 빌미를 준다면, 이것은 기마병이 함몰陷沒하는 지형입니다.

이 아홉 가지는 기마병이 죽는 지형이니, 현명한 장수는 멀리 피하고 우매한 장수는 빠져 패망합니다."

제60편 보병을 이용한 전투 〔戰步〕

무왕이 태공에게 물었다.

"보병이 적의 전차 부대와 기마병 부대를 상대하여 싸울 경우에는 어떻게 해야 합니까?"

태공이 대답하였다.

"보병이 적의 전차 부대와 기병 부대를 상대하여 싸울 경우에는, 반드시 구릉과 험한 곳에 의지해서 긴 병기兵器와 강한 궁노弓弩를 사용하는 부대는 전면에 두고 짧은 병기와 약한 쇠뇌를 사용하는 부대는 후면에 두어서 번갈아 출동하고 번갈아 중지하게 해야 합니다. 적의 전차와 기병이 많이 몰려오더라도 진영을 굳게 수비하고 맹렬히 싸우며, 재능이 뛰어난 병사와 강한 궁노 부대로 우리의 후미를 방비해야 합니다."

무왕이 말씀하였다.

"우리의 주둔 지역에는 의지할 만한 구릉과 험한 곳이 없는데, 몰려오는 적군은 병력이 많고 또 용맹스러워서 적의 전차와 기병이 우리의 양옆을 날개처럼 펼쳐 공격하고 우리의 앞뒤를 사냥하듯이 공격하면, 우리의 삼군이 공포에 질려서 어지러이 패주할 것이니, 어떻게 해야 합니까?"

태공이 대답하였다.

"우리의 병사로 하여금 행마行馬(목책)와 목질려木蒺藜(나무 마름)를 펼쳐놓고 소와 말의 대오를 배치하며, 사무충진四武衝陣을 만들었다가 적의 전차와 기병이 몰려오는 것이 보이면 질려를 땅에 두루 펼쳐놓고, 뒤에 있는 땅을 너비와 깊이를 각각 5척으로 하여 빙 둘러 파놓아야 하니, 이것을 일러 '명롱命籠'이라 합니다.

병사마다 행마를 잡고 앞으로 나아가 전차로 가로막아 보루를 만든 다음, 전차를 밀어 전진하고 후퇴하면서 전차를 세워 주둔할 진영을 만들며, 재능이 뛰어난 병사와 강한 궁노 부대로 우리의 좌우를 방비해야 하니, 이렇게 한 뒤에 우리의 삼군으로 하여금 모두 맹렬히 싸우고 해이하지 않게 하여야 합니다."

무왕이 말씀하였다.

"좋은 말씀입니다."

삼략
三略

상략 上略

주장主將의 임무는 힘써 영웅의 마음을 거두어서 공이 있는 자에게는 상과 녹봉을 내리고, 여러 사람들과 상하의 뜻을 통하게 하는 것이다. 그러므로 여러 사람들과 좋은 일을 함께하면 이루지 못함이 없고, 여러 사람들과 나쁜 일을 함께하면 마음이 나빠지지 않음이 없는 것이다.

《삼략언해三略諺解》

나라를 다스리고 집안을 편안히 함은 훌륭한 사람을 얻었기 때문이요, 나라를 망치고 집안을 깨뜨림은 훌륭한 사람을 잃었기 때문이니, 생기生氣를 머금은 모든 인류가 그 뜻을 얻기를 원한다.

《군참軍讖》(전쟁의 승패를 예언적으로 서술한 중국 고대의 병법서로, 현재는 전하지 않는다.)에 이르기를 "부드러운 것이 군셈을 제재하고 약한 것이 강함을 제재한다." 하였으니, 부드러운 것은 덕德이고 군센 것은 적賊이며, 약한 자는 사람들이 도와주고 강한 자는 사람들이 공격한다.

부드러움을 베풀 곳이 있고 굳셈을 베풀 곳이 있으며, 약함을 쓸 곳이 있고 강함을 가할 곳이 있으니, 이 네 가지를 겸하여 그 마땅함에 맞게 대응하여야 한다.

처음과 끝이 나타나지 않으면 사람들이 알지 못한다. 천지의 신명神明도 사물에 따라 변화하니, 변동함에 일정함이 없어서 적敵에 따라 변화하며, 남보다 먼저 일을 시작하지 않고 적이 움직이면 곧 따른다. 그러므로 능히 도모하고 제어함이 끝이 없으며, 하늘의 위엄을 붙들어 이루어서 팔방八方을 편안히 바로잡고 구이九夷를 평정하는 것이니, 이와 같이 도모하는 자는 제왕帝王의 스승이 된다.

그러므로 말하기를 "강함을 탐하지 않는 자가 없지만 능히 기미幾微를 지키는 자는 적으니, 만약 기미를 잘 지키면 비로소 그 생명을 보존한다." 하였다.

성인은 이것(기미를 아는 지혜)을 마음에 보존하여 일의 기회에 응하니, 이것을 펴면 사해四海에 가득하고 이것을 거두면 한 잔에 차지 않는다. 이것을 보관함에 방과 집을 사용하지 않고, 이것을 지킴에 성곽을 사용하지 않고, 이것을 가슴속에 감추어두어 몸의 주재主宰로 삼아 여러 이치를 묘하게 운용하고 만물을 주재한다. 그러므로 적국이 복종하는 것이다.

《군참》에 이르기를 "부드럽게도 하고 굳세게도 할 수 있으면 그 나라가 더욱 빛나고, 약하게도 하고 강하게도 할 수 있으면 그 나라가 더욱 드러나며, 한결같이 부드럽고 한결같이 약하면 그 나라의 영토가 반드시 줄어들고, 한결같이 굳세고 한결같이 강하면 그 나라가 반드시 망한다." 하였다.

나라를 다스리는 방도는 어진 선비와 백성을 믿는 것이니, 어진 선비를 자신의 배와 심장과 같이 믿고 백성을 자신의 사지四肢와 같이 부리면, 계책이 잘못되지 않는다.

가는 곳마다 사지와 신체가 서로 따르고 골절이 서로 구원하듯이 하여야 하니, 이는 천도天道의 자연이라서 그 공교함이 다함이 없는 것이다.

군대와 국가의 중요한 방도는 사람들의 마음을 살펴서 온갖 사무를 베푸는 것이다.

위태로운 자를 편안히 해주고, 두려워하는 자를 기쁘게 해주고, 배반하여 떠나가는 자를 돌아오게 하고, 원통한 자를 용서해주어야 한다.

하소연하는 자를 살펴주고, 낮은 자를 귀하게 해주고, 강한 자를 억제하고, 대적하는 자를 해쳐야 한다.

탐욕스러운 자를 풍부하게 해주고, 욕망이 있는 자를 부리고, 두려워하는 자를 숨겨주고, 지모가 있는 자를 가까이해야 한다.

참소하는 자를 전복시키고, 훼방하는 자를 보복하고, 반역하는 자를 폐기하고, 횡포를 부리는 자를 꺾어야 한다.

뜻이 가득한 자를 줄여서 덜고, 귀순하는 자를 초치招致하고, 복종하는 자를 살려주고, 항복하는 자를 죽음에서 벗어나게 하여야 한다.

견고한 곳을 얻었으면 지키고, 험한 요새를 얻었으면 막고, 얻기 어려운 곳을 얻었으면 군대를 주둔시키고, 성을 얻었으면 떼어주고, 토지를 얻었으면 나누어주고, 재화財貨를 얻었으면 흩어주어야 한다.

적이 움직이려 하면 편리한 틈을 살피고, 적이 가까이 있으면 철저히 대비하고, 적이 강하면 몸을 낮추고, 적이 편안하면 멀리 떠나가고, 적의 기세가 등등하여 능멸하면 기다리고, 적이 포악하면 그 무리를 편안하게 해주고, 적이 패악한 짓을 자행하면 의롭게 행동하여 굴복시키고, 적이 화목하면 이간시켜야 한다.

자신이 인심人心에 순응하여 일을 하면 적을 꺾을 수 있고, 적의 형세를 따르면 적을 깨뜨릴 수 있으니, 말을 함부로 하는 자를 귀양 보내고, 어진 이를 사방으로 망라하여 초치하여야 한다.

재물을 얻었으면 소유하지 말고, 남의 거처를 얻었으면 지키지 말고, 성을 공략할 적에는 오래 지체하지 말고, 적이 훌륭한 군주를 세웠으면 그 사직社稷을 공격하여 취하지 말아야 한다.

국정國政을 하는 자는 자신이요 성공은 병사들에게 달려 있으니, 이로움이 어디에 있는지를 어찌 알겠는가? 저들은 제후의 직책을 행하고 자신은 천자의 임무를 행해서, 성이 저절로 보존되게 하고 선비가 스스로 공업功業을 이루게 하여야 한다.

세상에서는 선조先祖를 할아버지를 높이는 예禮로 잘 받들지만 아랫사람에게 몸을 낮추지는 못하니, 할아버지를 높이는 예로 선조를 높임은 어버이를 위하는 것이요, 아랫사람에게 몸을 낮춤은 군주를 위하는 것이다.

아랫사람에게 몸을 낮춘다는 것은 백성들이 밭갈고 뽕나무 가꾸는 일에 힘쓰게 하여 농사철을 빼앗지 않고, 세금을 적게 거두어 재물이 궁핍하지 않게 하고, 부역을 적게 하여 백성들로 하여금 수고롭지 않게 하는 것이다.

이렇게 하면 나라가 부유해지고 집안이 즐거워지니, 그런 뒤에 훌륭한 선비를 뽑아서 백성들을 맡아 기르게 하여야 한다.

이른바 '선비'란 영웅이다. 그러므로 "그 영웅을 망라하여 등용하면 적국이 곤궁해진다." 한 것이다.

영웅은 나라의 버팀목이요 백성은 나라의 근본이니, 버팀목을 얻고 근본을 거두면 정사가 행해지고 원망이 없게 된다.

용병用兵의 요체는 예절을 높이고 녹봉을 많이 주는 데에 있으니, 예절이 높으면 지혜로운 선비가 찾아오고, 녹봉이 많으면 의로운 선비가 죽음을 가볍게 여긴다. 그러므로 어진 자에게 녹봉을 줄 적에 재물을 아끼지 않고 공이 있는 자에게 상을 줄 적에 때를 넘기지 않으면, 아랫사람들이 힘을 함께 써서 적국의 영토가 줄어들게 되는 것이다.

인재를 등용하는 방도는, 관작으로 높여주고 재물로 풍족하게 해주면 선비들이 저절로 찾아오며, 예禮로써 접대하고 의義로써 장려하면 선비들이 목숨을 바친다.

장수는 반드시 사졸들과 맛있는 음식을 함께하고 편안함과 위태로움을 함께하여야 비로소 적을 공격할 수 있다. 그러므로 우리 군대에게는 온전한 승리가 있고 적에게는 완전한 패배가 있는 것이다.

옛날에 훌륭한 장군이 군대를 운용할 적에, 어떤 사람이 선물한 나무통의 술을 강물에 던지게 하고는 사졸들과 흐르는 물을 함께 마셨으니, 나무통의 술이 강물을 맛있게 하지는 못하였으나, 삼군의 병사들이 사력死力을 바칠 것을 생각했던 것은 맛있는 음식이 자기에게 미쳤기 때문이었다.

《군참》에 이르기를 "군대의 우물에서 아직 물이 나오지 않았으면 장수가 목마름을 말하지 않으며, 군대의 천막이 아직 갖추어지지 않았으면 장수가 피곤함을 말하지 않으며, 군대의 부엌에서 아직 밥을 짓지 못했으면 장수가 배고픔을 말하지 않으며, 겨울에는 모피 옷을 입지 않고 여름에는 부채를 잡지 않고 비가 와도 우산을 펴지 않으니, 이것을 '장수의 예禮'라 한다." 하였다.

장수는 병사들과 함께 편안하고 병사들과 함께 위태로워야 한다. 그러므로 그 무리를 모을 수는 있으나 이산하게 할 수는 없고, 쓸 수는 있으나 피곤하게 할 수는 없으니, 이는 평소 은혜가 쌓이고 계책이 부합하였기 때문이다. 그러므로 "은혜 쌓기를 게을리하지 않으면 아군 한 명으로 적군 만 명을 취한다."라고 한 것이다.

《군참》에 이르기를 "장수가 위엄으로 삼는 것은 호령號令이요, 전투에 완전히 승리하는 것은 군대의 정사政事요, 사졸들이 싸움을 가볍게 여기는 이유는 장군의 명령命令을 따르기 때문이다." 하였다.

그러므로 장수가 명령을 내릴 적에 자세히 살펴서 취소하는 명령이 없고 상과 벌을 기필코 내려서 하늘과 땅처럼 믿게 하여야 비로소 사람을 부릴 수 있으며, 사졸들이 장군의 명령을 따라야 비로소 적의 국경을 넘어가 싸울 수 있는 것이다.

군대를 통솔하여 위세를 유지하는 것은 장수이고, 싸움에서 승리하여 적을 패퇴시키는 것은 병사이다. 그러므로 어지러운 장수에게 군대를 지휘하게 해서는 안 되고, 거스르는 병사에게 적을 정벌하게 해서는 안 된다.

성城을 공격하여도 함락시키지 못하고 고을을 포위하여도 쓸어버리지 못하면 병사들의 힘이 피폐해지고, 병사들의 힘이 피폐해지면 장수가 외롭고 병사들이 고단해진다. 지키면 견고하지 못하고, 전투하면 패하여 도망하니 이것을 일러 '지친 군대'라 하는 것이다.

군대가 지치면 장수의 위엄이 행해지지 못하고, 장수가 위엄이 없으면 사졸들이 형벌을 가볍게 여기고, 사졸들이 형벌을 가볍게 여기면 군대가 대오隊伍를 잃고, 군대가 대오를 잃으면 사졸들이 도망하고, 사졸들이 도망하면 적이 이로운 틈을 타서 공격하고, 적이 이로운 틈을 타서 공격하면 군대가 반드시 패망한다.

《군참》에 이르기를 "훌륭한 장수가 군대를 통솔할 적에는 자기 마음을 미루어 병사들을 다스리니, 은혜를 널리 베풀어 병사들의 힘이 날로 새로워져서, 전투할 적에 폭풍이 일어나듯이 하고 공격할 적에 황하黃河를 터놓은 듯이 한다." 하였다.

그러므로 그 군대를 바라볼 수는 있으나 당해낼 수가 없고, 그 군대를 남에게 낮추게 할 수는 있으나 이길 수는 없으니, 이는 장수 자신이 사람들에게 솔선하기 때문에 그 군대가 천하무적天下無敵이 되는 것이다.

《군참》에 이르기를 "군대는 상을 겉으로 삼고 벌을 속으로 삼는다." 하였으니, 상과 벌이 분명하면 장수의 위엄이 행해지고, 관직을 제수除授하는 것이 도리에 맞으면 사졸들이 복종하고, 임용한 사람이 어질면 적국이 두려워한다.

《군참》에 이르기를 "어진 자가 가는 곳에는 그 앞을 가로막을 적이 없다." 하였다. 그러므로 군주가 선비에게는 몸을 낮추어야 하고 교만하게 대해서는 안 되며, 장수에게 즐겁게 해주어야 하고 근심하게 해서는 안 되며, 계책은 철저하게 하고 의심스럽게 해서는 안 되는 것이다.

군주가 선비를 교만하게 대하면 아랫사람들이 순종하지 않고, 장수를 근심하게 하면 안과 밖이 서로 믿지 않고, 계책이 의심스러우면 적국이 분발하니, 이런 군대를 거느리고 적국을 공격하고 정벌하면 혼란을 초래한다.

장수는 국가의 운명을 맡은 자이니, 장수가 적을 제압하여 승리할 수 있으면 국가가 안정된다.

《군참》에 이르기를 "장수는 청렴하고 깨끗해야 하며, 공평하고 엄정해야 하며, 남의 간언諫言을 받아들이고 송사訟事를 잘 다스려야 하며, 훌륭한 인재를 수용하고 남의 좋은 말을 채택해야 하며,

적국의 풍속을 알고 산천의 지도를 잘 그려야 하며, 험난한 곳을 표시하여 밝히고 군권軍權을 통제해야 한다." 하였다.

그러므로 이르기를 "장수는 인자仁者와 현자賢者의 지략과, 성스럽고 밝은 자의 사려와, 나무꾼의 충고와, 조정에 있는 대신大臣의 말과, 흥망성쇠의 일을 마땅히 들어서 알아야 한다. 장수가 선비를 구하기를 목마를 때 물을 찾는 듯이 하면 훌륭한 계책이 나오게 된다.

장수가 간쟁하는 말을 거절하면 영웅이 흩어져 떠나가고, 훌륭한 계책을 따르지 않으면 지모 있는 선비들이 배반하고, 선한 자와 악한 자를 똑같이 대우하면 공신功臣들이 나태해지고, 자기 마음대로 주장하면 아랫사람들이 허물을 장수에게 돌리고, 자기 공로를 과시하면 아랫사람들이 성공하는 일이 적고, 참소하는 말을 믿으면 병사들이 배반하는 마음을 품고, 재물을 탐하면 간사한 사람을 금하지 못하고, 가족을 돌아보면 사졸들이 방탕하게 된다.

장수가 이 중에 한 가지를 가지고 있으면 병사들이 복종하지 않고, 두 가지를 가지고 있으면 병사들이 본받을 것이 없고, 세 가지를 가지고 있으면 아랫사람들이 패하여 달아나고, 네 가지를 가지고 있으면 화禍가 국가에 미친다."라고 한 것이다.

《군참》에 이르기를 "장수의 계책은 비밀스러워야 하고, 장병들의 마음은 전일해야 하고, 적을 공격함은 신속해야 한다." 하였다. 장수의 계책이 비밀스러우면 병사들의 간사한 마음이 막히고, 병사들의 마음이 전일해지면 병사들의 마음이 단결되고, 적을 신속히 공격하면 적의 대비가 미처 갖춰지지 못하니, 군대에 이 세 가지가 있으면 좋은 계책을 적에게 빼앗기지 않는다.

장수의 계책이 누설되면 군대의 위세가 없고, 밖에서 안을 엿보면 화禍를 막지 못하고, 재물이 군영으로 들어오면 여러 간악한 자들이 모여드니, 장수에게 이 세 가지가 있으면 군대가 반드시 패한다.

장수에게 원대한 생각이 없으면 지모 있는 선비가 떠나가고, 장수에게 용맹이 없으면 사졸들이 적을 두려워하고, 장수가 경망스럽게 행동하면 병사들이 신중하지 못하고, 장수가 분노를 다른 사람에게 옮기면 온 군대가 두려워한다.

《군참》에 이르기를 "깊은 사려와 용맹은 장수가 소중히 여기는 것이요, 행동거지와 분노는 장수가 조심하는 것이다." 하였으니, 이 네 가지는 장수의 밝은 경계이다.

《군참》에 이르기를 "군대에 재물이 없으면 사졸들이 오지 않고, 군대에 상賞이 없으면 지혜롭고 용맹한 자들이 모이지 않는다." 하였다.

《군참》에 이르기를 "향기로운 낚싯밥 아래에는 반드시 죽는 물고기가 있고, 많은 상 아래에는 반드시 용맹스러운 장부丈夫가 있다." 하였다.

그러므로 예禮는 선비들이 귀의하는 것이요, 상은 사졸들이 목숨을 바치는 것이니, 귀의하는 예로써 부르고 목숨을 바치는 상을 보여주면 이것을 구하는 자들이 몰려오게 된다.

그러므로 예우한 뒤에 후회하면 선비들이 머물지 않고 상을 준 뒤에 후회하면 사졸들이 따르지 않으니, 예와 상을 게을리하지 않으면 사졸들이 다투어 목숨을 바친다.

《군참》에 이르기를 "군대를 일으키려는 나라는 먼저 은혜를 베푸는 데 힘쓰고, 적을 공격하고 점령하려는 나라는 먼저 백성을 기르는 데 힘써야 한다." 하였으니, 소수의 병력으로 다수의 적을 이기는 것은 은혜로 부리기 때문이고, 약한 군대로 강한 적을 이기는 것은 백성들이 도와주기 때문이다.

그러므로 훌륭한 장수는 사졸을 기를 적에 자기 몸을 기르는 것과 조금도 다르게 하지 않는다. 이 때문에 능히 삼군을 한마음이 되게 하여 승리를 온전히 얻을 수 있는 것이다.

《군참》에 이르기를 "용병의 중요한 방도는 반드시 먼저 적의 실정을 살피는 것이니, 창고를 살피며 양식을 헤아리며 적의 강하고 약함을 점치며 천시天時와 지리地利를 살피며 적의 빈틈을 엿보아야 한다." 하였다.

그러므로 나라에 병란이 없는데도 양식을 수송해 가는 것은 국고가 텅 비었기 때문이요, 백성들이 얼굴에 부황의 기색이 있는 것은 곤궁하기 때문이다. 천 리 멀리 양식을 수송해 가면 병사들이 굶주린 기색이 있고, 나무를 하고 풀을 벤 뒤에 밥을 지어 먹으면 병사들이 오랫동안 배부르지 못하다.

천 리 멀리 양식을 운반하면 1년 동안 먹을 것이 없고, 2천 리에 운반하면 2년 동안 먹을 것이 없고, 3천 리에 운반하면 3년 동안 먹을 것이 없게 되니, 이것을 일러 '나라가 텅 비었다.'고 하는 것이다.

나라가 텅 비면 백성들이 가난하고, 백성들이 가난하면 윗사람과 아랫사람이 서로 친애하지 못하니, 적이 밖에서 공격하고 백성들이 안에서 도둑질하면, 이것을 일러 '반드시 궤멸한다.'고 하는 것이다.

《군참》에 이르기를 "윗사람이 포학함을 행하면 아랫사람들이 급하고 각박해지며, 부역이 무겁고 세금을 자주 거두며 형벌이 끝이 없으면 백성들이 서로 해치니, 이것을 일러 '망할 나라'라고 한다." 하였다.

《군참》에 이르기를 "장수가 안으로는 탐욕스러우면서 겉으로는 청렴한 체하여 거짓으로 칭찬받을 일을 해서 명예를 취하며, 국고를 도둑질하여 사사로이 은혜를 베풀어서 윗사람과 아랫사람들로 하여금 흐리멍덩하고 어리석게 만들며, 몸가짐을 위장偽裝하고 얼굴빛을 정직한 체하여 높은 관직을 얻는 것을 일러 '도적을 일으키는 단서'라 한다." 하였다.

《군참》에 이르기를 "관리들이 붕당을 지어 각각 친한 사람을 등용해서, 간사하고 부정한 사람을 불러들여 천거하고 인자仁者와 현자賢者를 억누르며, 공정함을 배반하고 사사로움을 세워 같은 지위에 있으면서 서로 비방하는 것을 일러 '난亂의 근원'이라 한다." 하였다.

《군참》에 이르기를 "권력가의 종친宗親들이 서로 모여 간악한 짓을 자행해서 관작이 없으면서도 높은 체하여 그의 위세를 두려워하지 않는 이가 없으며, 간악한 자들과 칡넝쿨이나 댕댕이넝쿨처럼 서로 연결되어 사사로운 은덕을 심고 사사로운 은혜를 베풀며, 지위가 있는 자의 권력을 침탈하고 아래에 있는 백성들을 침해하고 업신여겨서 국내에서 시끄럽게 떠드는데도, 대신大臣이 은폐하고 말하지 않는 것을 일러 '난의 뿌리'라 한다." 하였다.

《군참》에 이르기를 "대대로 간악한 짓을 자행하여 국가의 직임을 침탈하고 도둑질하며, 나아가고 물러남에 오직 자신의 편리함을 추구하며, 부정한 방법으로 법조문을 농간해서 자기 군주를 위태롭게 하는 것을 일러 '나라의 간악함'이라 한다." 하였다.

《군참》에 이르기를 "관리가 많고 백성이 적으며, 높은 사람과 낮은 사람의 숫자가 서로 비슷하며, 강한 자와 약한 자가 서로 노략질해도 윗자리에 있는 자가 적절히 금하고 막지 못해서 관리들에게까지 뻗치면, 나라가 그 해로움을 받는다." 하였다.

《군참》에 이르기를 "선한 자를 좋게 여기되 등용하지 못하고 악한 자를 미워하되 물리치지 못해서, 현자가 숨어서 가려지고 불초한 자가 지위에 있으면, 국가가 그 폐해를 받는다." 하였다.

《군참》에 이르기를 "가지와 잎이 너무 강성하고 커서 붕당들이 권세 있는 자리에 두루 있으며, 낮고 천한 자가 귀한 사람들을 능멸하는 것이 오래되어 더욱 커지는데도 윗사람이 차마 버리지 못하면, 나라가 패망하게 된다." 하였다.

《군참》에 이르기를 "간신奸臣이 위에 있으면 온 군대가 모두 다

투니, 위엄을 내세워 스스로 재능이 있다고 자부해서 모든 행동이
사람들과 어긋나며, 나아가고 물러나는 도리를 알지 못해서 구차
히 용납되고자 하며, 오로지 자신의 지혜를 믿고서 모든 일에 자
신의 공로를 자랑하며, 훌륭한 덕이 있는 자들을 비방하고 공이
있는 자들을 무함하여 선과 악을 가리지 않고 모두 자기와 뜻이
부합하게 하고자 하며, 행하는 일을 지체하여 명령이 행해지지 않
으며, 까다로운 정사를 만들어서 옛 법을 고치고 정상적인 도리를
바꾼다. 군주가 이와 같은 간신을 쓰면 반드시 재앙과 화를 받는
다." 하였다.

《군참》에 이르기를 "간웅奸雄이 서로 칭찬하여 군주의 눈을 가
리고, 선한 사람을 훼방하는 말과 악한 사람을 칭찬하는 말이 함
께 일어나서 군주의 귀를 막으며, 각각 사사로이 친한 사람을 편
들어 군주로 하여금 충신을 잃게 한다." 하였다.

그러므로 군주가 괴이한 말을 살펴야 비로소 나쁜 싹을 볼 수
있으며, 군주가 훌륭한 학자를 초빙하여야 간웅들이 비로소 은둔
하며, 군주가 옛 신하인 원로에게 정사를 맡겨야 만사가 비로소
다스려지며, 군주가 산림에 있는 은사隱士를 초빙하여야 선비들이
비로소 실제를 얻으며, 계책이 나무꾼에게까지 미쳐야 비로소 공
업功業을 이룩할 수 있으며, 인심을 잃지 않아야 덕이 비로소 사해
에 넘쳐나는 것이다.

중략 中略

삼황三皇(복희伏羲, 신농神農, 황제黃帝)은 말씀을 하지 않아 그 교화가 사해에 두루 퍼졌다. 그러므로 천하가 다른 사람에게 공을 돌릴 곳이 없었던 것이다.

| 복희伏羲 | 신농神農 | 황제黃帝 |

제帝는 하늘의 도를 체행體行하고 땅의 이치를 본받아서 말씀을 하고 명령을 내려 천하가 태평하고, 군주와 신하가 공을 서로 사양하여 사해에 교화가 행해졌으나, 백성들은 그러한 이유를 알지 못하였다. 그러므로 신하를 부릴 적에 공이 있는 이를 예우하거나 상을 주지 않고도 극진히 아름다워 해로움이 없었던 것이다.

왕자王者는 사람을 도道로써 제재하여 마음을 낮추고 생각을 굴복시키고, 법도를 만들어 나라가 쇠약할 때에 대비해서 사해의 제후가 회동하러 오게 하여 왕자의 직책이 무너지지 않았다. 비록 갑옷과 병기를 구비하였더라도 전투하는 근심이 없어서, 군주는 신하를 의심하지 않고 신하는 군주를 의심하지 않아 나라가 안정되고 군주가 편안하며 신하가 의리로써 물러났으니, 또한 아름다워 해로움이 없었다.

패자敗者는 선비를 권도權道로 제재하고 선비를 신의로 맺고 선비를 상으로 부리니, 신의가 쇠하면 선비가 소원해지고 상이 없으면 선비가 명령을 따르지 않는다.

《군세軍勢》(병가兵家의 형세를 논한 책)에 이르기를 "군대를 출동하고 군대를 운행함에는 장수가 마음대로 수행함을 중시하니, 나아가고 물러나는 것을 군주가 궁중에서 제재하면 공을 이루기 어렵다." 하였다.

《군세》에 이르기를 "지혜로운 선비를 부리고 용맹한 선비를 부리며, 탐욕스러운 사람을 부리고 우매한 사람을 부린다." 하였다. 지혜로운 자는 공을 세우는 것을 좋아하고, 용감한 자는 자기의 뜻을 행하는 것을 좋아하고, 탐욕을 부리는 자는 이익을 위해 달려감을 좋아하고, 우매한 자는 죽음을 돌아보지 않으니, 지극한 정情에 따라 사용하는 것은 군대의 은미한 권도權道이다.

《군세》에 이르기를 "변사辯士로 하여금 적의 훌륭함을 말하지 못하게 하는 것은 장병들을 미혹시키기 때문이요, 인자한 자로 하여금 재물을 주관하게 하지 않는 것은 많이 베풀어서 아랫사람을 따르게 하기 때문이다." 하였다.

《군세》에 이르기를 "무당과 축원하는 사람을 금지하여, 관리와 병사들로 하여금 군대의 길흉을 점쳐 묻지 못하게 하여야 한다."

하였다.

《군세》에 이르기를 "의로운 선비를 부릴 적에 예禮로써 하고 재물로써 하지 않는다." 하였다. 그러므로 의로운 자는 불인不仁한 자를 위하여 목숨을 바치지 않고, 지혜로운 자는 어두운 군주를 위하여 도모하지 않는 것이다.

군주는 덕이 없어서는 안 되니 덕이 없으면 신하가 배반하고, 위엄이 없어서는 안 되니 위엄이 없으면 권세를 잃는다.

신하는 덕이 없어서는 안 되니 덕이 없으면 군주를 섬길 수 없고, 위엄이 없어서는 안 되니 위엄이 없으면 나라가 약해지고 위엄이 많으면 자기 몸이 쓰러진다.

그러므로 성스러운 제왕이 세상을 다스릴 적에는 기화氣化의 성쇠를 관찰하고 인사人事의 득실을 헤아려서 법제를 만드는 것이다. 이 때문에 제후諸侯는 2사師(사師는 12,500명)이고 방백方伯(한 지방의 우두머리)은 3사이고 천자天子는 6사이니, 세상이 어지러우면 반역이 생기고, 왕자의 은택이 고갈되면 제후들끼리 맹세하여 서로 주벌하는 것이다.

덕이 같고 세력이 비등하여 서로 기울게 할 수 없으면 이에 영웅의 마음을 거두어 병사들과 좋아하고 싫어하는 것을 함께하게 해야 하니, 그런 뒤에야 권변權變을 행할 수 있다. 그러므로 계책이 아니면 혐의스러움을 결정할 수 없고, 속임수와 기이한 계책이 아니면 간사함을 깨뜨려 적의 침략을 그치게 할 수 없고, 은밀한 계책이 아니면 성공할 수 없는 것이다.

성인은 하늘을 체행하고, 현인은 땅을 본받고, 지혜로운 자는 옛것을 본받는다.

이 때문에 《삼략》은 쇠한 세상을 위하여 지어졌으니, 〈상략〉은 예우하고 상 주는 일을 말하고 간웅奸雄을 구별하여 성패를 드러냈으며, 〈중략〉은 덕행을 차별하고 권변을 살폈으며, 〈하략〉은 도덕을 말하고 안위를 살피고 현자를 해치는 잘못을 밝혔다.

그러므로 군주가 〈상략〉을 깊이 깨달으면 능히 국정을 현자에게 맡겨 적을 사로잡을 수 있고, 〈중략〉을 깊이 깨달으면 능히 장수를 통제하여 병사를 거느릴 수 있고, 〈하략〉을 깊이 깨달으면 능히 성쇠의 근원을 밝게 알고 나라를 다스리는 기강을 살필 수 있는 것이다.

신하가 〈중략〉을 깊이 깨달으면 공을 온전히 하고 몸을 보전할 수 있다.

높이 나는 새가 죽으면 좋은 활이 감춰지고, 적국이 멸망하면 도모하는 신하가 망하니, 망한다는 것은 그 몸을 잃는 것이 아니요 위엄을 빼앗기고 권세를 잃음을 말한 것이다.

공신功臣을 조정에서 봉하여 신하의 지위를 최고로 높여주어 공로를 드러내며, 나라 안의 좋은 고을로 그 집안을 부유하게 하며, 아름다운 여색과 진귀한 보배로 그 마음을 기쁘게 한다.

군대는 한번 모으면 갑자기 해산할 수 없고 권세와 위엄은 장수에게 한번 주면 갑자기 빼앗을 수 없으니, 장수가 적군을 이기고 개선하여 군대를 해산하는 것에 국가의 존망이 달려 있는 것이다.

그러므로 장수의 지위를 약화시키고 장수의 봉지封地를 빼앗는 것이니, 이것을 일러 '패자霸者의 지략이라 한다. 그러므로 패자는 권모술수를 구사하여 그 의논이 잡박한 것이다.

국가를 보존하고 영웅을 망라하는 것은 〈중략〉의 권세이다. 그러므로 권세 있는 군주가 비밀로 간직하는 것이다.

하략 下略

천하의 위태로움을 붙들어줄 수 있는 자는 천하의 편안함을 차지하고, 천하의 근심을 제거할 수 있는 자는 천하의 즐거움을 누리고, 천하의 화禍를 구제할 수 있는 자는 천하의 복福을 얻는다.

그러므로 덕택이 백성에게 미치면 현인賢人이 돌아오고, 덕택이 곤충昆蟲에게까지 미치면 성인聖人이 돌아오는 것이다. 현인이 돌아오는 곳에는 그 나라가 강성하고, 성인이 돌아오는 곳에는 사해가 함께한다.

덕으로써 현인을 구하고 도로써 성인을 초치해야 한다. 현인이 떠나가면 나라가 쇠약해지고 성인이 떠나가면 나라가 괴리되니, 쇠약해짐은 위태로워지는 과정이요 괴리됨은 멸망의 징조이다.

현인의 정사는 몸을 남에게 낮추고, 성인의 정사는 마음을 남에게 낮춘다. 몸을 남에게 낮추면 처음을 도모할 수 있고 마음을 남에게 낮추면 끝을 보전할 수 있으니, 몸을 낮춤은 예禮로써 하고 마음을 낮춤은 악樂으로써 한다.

종鐘

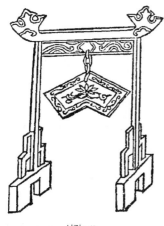

석경石磬

이른바 악이라는 것은 쇠로 만든 종鐘과 돌로 만든 석경石磬과 현악기와 관악기가 아니라, 사람들이 자기 집안을 즐거워하고 사람들이 친족들과 즐거워하고, 사람들이 생업을 즐거워하고 사람들이 사는 도읍을 즐거워하고, 사람들이 군주의 정사와 명령을 즐거워하고 사람들이 도덕을 즐거워함을 이르니, 이와 같이 백성에게 군주 노릇하는 자라야 비로소 음악을 만들어 절제해서 화함을 잃지 않게 하는 것이다.

그러므로 덕이 있는 군주는 음악으로써 남을 즐겁게 하고, 덕이 없는 군주는 음악으로써 자신을 즐겁게 하니, 남을 즐겁게 하는 자는 오래가고, 자신을 즐겁게 하는 자는 오래가지 못하여 망한다.

가까운 것을 버려두고 먼 것을 도모하는 자는 수고롭기만 하고 공이 없으며, 먼 것을 버려두고 가까운 것을 도모하는 자는 편안하면서도 좋은 끝마침이 있으니, 백성을 편안하게 하는 정사에는 충성하는 신하가 많고, 백성을 수고롭게 하는 정사에는 원망하는 백성이 많다.

그러므로 이르기를 "토지를 넓히는 데 힘쓰는 자는 황폐해지고 덕을 널리 베푸는 데 힘쓰는 자는 강해지며, 자기 소유를 잘 보유

하는 자는 편안하고 남의 소유를 탐하는 자는 해로우니, 남을 해
롭게 하고 무너뜨리는 정사는 여러 세대에 걸쳐 화를 받고, 제작製
作이 제도를 지나치면 비록 이루어지더라도 뒤에 반드시 패망한
다." 한 것이다.

자기를 버려두고 남을 가르치는 자는 일이 어긋나고, 자기를 바
로잡고 남을 교화하는 자는 이치가 순하니, 어긋남은 난亂을 초래
하고 순함은 다스림의 요체가 된다.

도道·덕德·인仁·의義·예禮 다섯 가지는 일체이다. 도는 사람이
행하는 바요, 덕은 사람이 얻은 바요, 인은 사람이 친애하는 바요,
의는 사람이 마땅히 행해야 할 바요, 예는 사람이 체행하는 바이
니, 한 가지도 없어서는 안 된다.

그러므로 일찍 일어나고 밤늦게 자는 것은 예의 제재制裁요, 역
적을 토벌하고 원수를 갚는 것은 의의 결단이요, 측은해하는 마음
은 인의 발로發露요, 자기 마음속에 얻고 인심의 돌아옴을 얻는 것
은 덕의 길이요, 백성들로 하여금 고르게 해서 자기 살 곳을 잃지
않게 하는 것은 도의 교화이다.

군주에게서 나와 신하에게 내려지는 것을 명命이라 하고, 죽백
竹帛에 기록되는 것을 영令이라 하고, 백관이 받들어 행하는 것을
정사政事라 한다.

명이 잘못되면 영이 행해지지 못하고, 영이 행해지지 못하면 정
사가 확립되지 못하고, 정사가 확립되지 못하면 삼강오륜三綱五倫
의 도가 통하지 못하고, 도가 통하지 못하면 간사한 신하가 이기

고, 간사한 신하가 이기면 군주의 위엄이 손상된다.

천 리 밖의 현자를 맞이하기는 어렵고 불초한 사람을 오게 하기는 쉬우니, 이 때문에 현명한 군주는 가까이에 있는 불초한 자를 버리고 먼 곳의 현자를 취한다. 그러므로 공을 온전히 유지하고 훌륭한 사람을 높여서 아랫사람들이 힘을 다하는 것이다.

한 명의 선한 사람을 버리면 여러 선한 사람들이 쇠하고, 한 명의 악한 사람에게 상을 주면 여러 악한 사람들이 돌아오니, 선한 자가 복을 얻고 악한 자가 주벌을 받으면 나라가 편안하고 선한 자들이 찾아온다.

사람들이 의심하면 나라가 안정되지 못하고, 사람들이 미혹하면 백성이 평안하지 못하니, 의심이 진정되고 미혹함이 없어져야 나라가 비로소 편안할 수 있다.

한 가지 명령이 이치에 어긋나면 온갖 명령이 잘못되고, 한 가지 악한 정사가 베풀어지면 온갖 악이 모인다. 그러므로 활쏘기나 백성들에게 법령을 읽어주는 독법讀法과 같은 선한 정사가 순한 백성에게 베풀어지고 채찍과 형틀과 같은 악한 정사가 흉한 백성에게 가해지면, 명령이 행해지고 원망이 없는 것이다.

원한이 있는 사람으로 하여금 그와 원한이 있는 사람을 다스리게 하면 이것을 일러 '하늘을 거스른다.' 하고, 원수로 하여금 그와 원수진 사람을 다스리게 하면 그 화를 막지 못하니, 백성을 고르게 다스리되 마음을 깨끗이 하여 사욕이 없게 하면 백성들이 제자리를 얻어 천하가 편안하게 된다.

윗사람을 범하는 자를 높여주고 탐욕스럽고 비루한 자를 부유하게 해주면, 비록 성스러운 군주가 있더라도 훌륭한 정치를 이루지 못한다. 윗사람을 범하는 자를 주벌하고 탐욕스럽고 비루한 자를 구속하면, 교화가 행해지고 악한 사람들이 사라지게 된다.

청렴결백한 선비는 관작과 녹봉으로써 얻을 수 없고, 절의節義가 있는 선비는 위엄과 형벌로써 위협할 수 없다.

그러므로 현명한 군주가 현자를 구할 적에는 반드시 그 초치하는 방법을 살펴서 초치하니, 청렴결백한 선비를 초치하려면 예를 닦아야 하고 절의가 있는 선비를 초치하려면 도를 닦아야 한다. 그런 뒤에야 뛰어난 선비를 초치하고 훌륭한 명성을 보전할 수 있는 것이다.

성인聖人과 군자君子는 성쇠의 근원에 밝고 성패의 단서를 통달하며, 치란治亂의 기미를 살피고 거취去就의 절도를 안다. 비록 곤궁하더라도 망하는 나라의 벼슬자리에 있지 않으며, 비록 가난하더라도 어지러운 나라의 녹봉을 먹지 않는다.

이름을 숨기고 도를 간직한 자가 때가 이르러 출사出仕하면 신하의 지위를 지극히 하고, 군주의 덕이 자기와 부합하면 뛰어난 공을 세운다. 그러므로 그 도가 높고 이름이 후세에 드날리는 것이다.

성스러운 제왕이 용병하는 것은 전쟁을 좋아해서가 아니요, 장차 포악한 군주를 주벌하고 어지러운 신하를 토벌하려고 해서이다.

의로움으로써 불의를 주벌하는 것은, 장강長江과 대하大河를 터서 작은 횃불에 물을 대는 것과 같으며, 측량할 수 없이 깊은 못에 임하여 떨어지고자 하는 사람을 떠미는 것과 같으니, 반드시 승리한다.

장수가 여유롭고 침착하여 서둘러 진격하지 않는 것은 사람과 물건을 해치는 일을 조심하여 신중히 하기 때문이다. 병기兵器는 살생과 토벌을 주장하는 상서롭지 못한 기물이다. 그리하여 살려주기를 좋아하는 천도天道가 미워하지만 부득이하여 사용하니, 이것이 천도이다.

사람이 도에 있는 것은 물고기가 물에 있는 것과 같다. 물고기는 물을 얻으면 살고 물을 잃으면 죽는다. 그러므로 군자는 항상 조심하여 감히 도를 잃지 않는 것이다.

호걸이 관직을 잡고 국정을 좌지우지하면 국가의 권위가 약해지고, 호걸이 사람을 살리고 죽이는 것을 마음대로 하면 국가의 권위가 고갈되며, 호걸이 머리를 낮추면 국가가 장구長久하고, 군주가 사람을 살리고 죽이는 것을 마음대로 하면 국가가 편안하며, 백성들의 재용財用이 궁핍하면 국가에 저축이 없게 되고, 백성들의 재용이 풍족하면 국가가 안락하게 된다.

어진 신하가 안에 있으면 간사한 신하가 밖으로 물러나고, 간사한 신하가 안에 있으면 어진 신하가 죽을 곳으로 밀려나니, 내외의 관직이 마땅함을 잃으면 화禍와 난亂이 대代를 잇게 된다.

대신이 군주를 의심하면 간사한 자들이 모두 모여들고, 신하가 군주의 높은 자리를 마음대로 차지하면 상하가 마침내 혼란하고,

군주가 신하의 일을 대신하면 상하가 질서를 잃는다.

현인을 해치는 자는 재앙과 화가 3대에 미치고, 현인을 은폐하는 자는 자신이 그 재앙과 화를 받고, 현인을 질투하는 자는 명예가 보전되지 못하고, 현인을 등용하는 자는 복이 자손에게까지 전한다. 그러므로 군자는 어진 이를 등용하는 것을 급선무로 여겨서 아름다운 이름이 드러나는 것이다.

군주가 한 사람을 이롭게 하고 백 사람을 해롭게 하면 백성들이 성곽을 버리고 지키지 않으며, 한 사람을 이롭게 하고 만 사람을 해롭게 하면 백성들이 마침내 흩어질 것을 생각한다. 그러나 한 사람을 제거하여 백 사람을 이롭게 하면 백성들이 마침내 은택을 사모하며, 한 사람을 제거하여 만 사람을 이롭게 하면 정사가 마침내 어지럽지 않게 된다.

전통문화연구회 도서목록

◆ 基礎漢文教材 ◆

사자소학	성백효
추구·계몽편	〃
명심보감	〃
동몽선습·격몽요결	〃
주해천자문	〃

◆ 東洋古典國譯叢書 ◆

논어집주	성백효
맹자집주	〃
대학·중용집주	〃
시경집전上·下	〃
서경집전上·下	〃
주역전의上·下	〃
소학집주	〃
고문진보 후집	〃
해동소학	〃
효경대의	정태현
황제내경소문·영추	홍원식

◆ 漢字漢文教育叢書 ◆

한자교육新講	이응백 외
韓中한문연원	이응백
교양인을 위한 한자·한문	김기창
한자교육시험백과	김종혁
실용교양한문	이상진
한문과 교육과정 변천과 　　내용 체계 연구	원용석
한문과 교수-학습 모형	김재영
한자 자원 교육론	한은수
한자한문교육논총上·下	정우상

◆ 教授用 指導書 ◆

사자소학	함현찬
추구·계몽편	〃
격몽요결	〃
주해천자문	이충구
명심보감	이명수
동몽선습	전호근

◆ 東洋古典譯註叢書 ◆

춘추좌씨전1~8	정태현
장자1~4	안병주·전호근·김형석
고문진보 전집	성백효
예기집설대전1	신승운
심경부주	성백효
근사록집해1~3	성백효
통감절요1~9	성백효
당시삼백수1~3	송재소 외
동래박의1~2	정태현·김병애
설원1~2	허호구
안씨가훈1~2	정재서·노경희
대학연의1	신승운 외
순자집해1	송기채
정관정요집론1	이충구 외

당송팔대가문초

한유1	정태현	구양수1~3	이상하
왕안석1~2	신용호·허호구	소식1~5	성백효
소철1~3	김동주	소순	이장우 외
증공	송기채	유종원1~2	송기채

무경칠서직해

손무자직해·오자직해	성백효·이난수
육도직해·삼략직해	성백효·이종덕
울료자직해·이위공문대직해	성백효·이난수
사마법직해	성백효·이난수

십삼경주소

논어주소1~3	정태현·이성민
상서정의1	김동주
주역정의1~2	성백효·신상후
예기정의 중용·대학	이광호·전병수
사정전훈의 자치통감강목1~3	신승운 외

◆ 기　타 ◆

초등학교 漢字1~4단계	정우상 외
경전으로 본 세계종교	길희성 외
창세기 역주	방석종